O EGIN I'R GEGIN

O EGIN I'R GEGIN

Russell & Jen Jones

Argraffiad cyntaf: 2014

ⓗ Gwasg Carreg Gwalch

Rhif rhyngwladol: 978-1-84527-487-0

Mae'r cyhoeddwr yn cydnabod cefnogaeth ariannol Cyngor Llyfrau Cymru

Cynllun clawr: Olwen Fowler

Ffotograffau: Dewi Glyn Jones
                  www.dewijones.co.uk

Dylunio: Olwen Fowler

Lluniau ychwanegol:
iClipart tt. 97, 106, 123, 141, 143, 145, 146, 147

Cyhoeddwyd gan Wasg Carreg Gwalch,
12 Iard yr Orsaf, Llanrwst, Conwy, LL26 0EH.
Ffôn: 01492 642031 Ffacs: 01492 641502
e-bost: llyfrau@carreg-gwalch.com
lle ar y we: www.carreg-gwalch.com

Diolchiadau

Cyflwynedig i Bleddyn ac Enid

Lle i ddechrau! Hoffem ddiolch i –

Nia Roberts, am ei gallu arbennig i ysbrydoli ac i arwain, hyd yn oed pan oeddan ni yng nghanol gaeaf.

Dewi Glyn, am y tunelli o egni, y syniadau a'r ffordd newydd o edrych ar y pethau bach rydan ni'n eu hanwybyddu'n ddyddiol.

Olwen Fowler, am ychwanegu ei gweledigaeth a'i thalent unigryw i ddod â'n blwyddyn ni'n fyw.

Hoffem hefyd estyn diolch i Ted Hughes, Cynan Jones ac Ian Sturrock am dreulio amser efo ni ac am rannu eu blynyddoedd o wybodaeth.

Cynnwys

	tudalen
Rhagair	9
Ionawr	10
Chwefror	26
Ian Sturrock	32
Mawrth	36
Ebrill	54
Mai	66
Mehefin	74
Gorffennaf	90
Awst	98
Ted Hughes	104
Medi	108
Cynan Jones	112
Hydref	120
Tachwedd	130
Rhagfyr	136
Hel a Chasglu	142
Ffrwythau: coed a llwyni	145
Mynegai	151

Rhagair

Rydan ni'n byw i fyny yn Rhosgadfan, pentre bach hyfryd sydd yn sbio i lawr ar gastell Caernarfon, gogledd Llŷn ac ynys Môn. Yma y magwyd Kate Roberts, ac mae 'na sawl un dros y blynyddoedd wedi cymharu ein patsh ni â'r disgrifiadau yn ei straeon hi o dyddynnod traddodiadol y pentre. Mi oedd gweithio ar dyddyn felly yn andros o waith caled, ma' siŵr, yn enwedig ar ôl diwrnod yn y chwarel – ac mi ydan ni'n lwcus iawn fod bywyd ar lethrau'r ardal wedi newid cryn dipyn ers y dyddia hynny.

Mi allwn ni, erbyn hyn, roi pob math o stwff ar y tir i'w wneud o'n ffrwythlon a defnyddio peiriannau i wneud y gwaith yn haws – neu, wrth gwrs, bicio i'r archfarchnad neu i'r têc-awê i brynu bwyd. Ond yr hyn rydan ni'n dau, heb anghofio Bleddyn ac Enid fach, yn trio'i wneud ydi byw mor gynaladwy ag y medrwn ni, yn dymhorol ac yn ein milltir sgwâr ein hunain. Dwi'n meddwl mai dyna ydi'r peth agosa at fywyd tyddyn y medrwch chi ei gael y dyddia yma.

Yn y llyfr yma, ein bwriad ni ydi rhoi cipolwg bach i chi ar yr hyn rydan ni'n ei wneud yma drwy'r flwyddyn yn yr ardd ac yn y gegin. Mae 'na lawer o bobol yn gofyn sut mae gwneud peth-a-peth, neu'n holi be allan nhw 'i dyfu ar dir fel-a'r-fel. Tydan ni ddim yn gwybod bob dim am arddio, coginio na chadw ieir – na dim arall tasa hi'n dod i hynny – ond mi fyddan ni'n trio'u hateb nhw o'n profiadau ein hunain gystal â phosib. Dyna ydi'n bwriad ni rhwng y cloriau yma hefyd – egluro sut y byddwn ni'n gwneud petha ym Mryn Meddyg gan obeithio y byddwch chi'n cael rhyw fath o ysbrydoliaeth i drio ambell beth eich hunain.

Russell a Jen Jones

Mis Ionawr

Mis Ionawr

Pan fydd miri'r Dolig wedi
pasio a Ionawr yn cyrraedd,
dwi'n gwybod bod y tymor
tyfu newydd ar ei ffordd. Mae'r
dyddiau diog o gwmpas y
Calan yn amser da i ystyried
sut i wneud y gorau ohono,
ac os ydach chi wedi chwarae
hefo'r syniad o wneud defnydd
o hynny o dir sydd ganddoch
chi, hwn ydi'r mis gorau i baratoi
drwy wneud ymchwil, darllen
digon o lyfrau a mynd ar y we.

Mis Ionawr

Dewis Llysiau

Dros y Dolig bob blwyddyn mi fydda i'n mynd drwy gatalogau hadau'r cwmnïau mawr er mwyn dewis be i'w blannu yn y flwyddyn newydd. Mae cymaint o ddewis i'w gael, felly dwi'n trio gwneud yn siŵr nad ydw i'n tyfu gormod a lladd fy hun, ond ar y llaw arall dwi'n trio cael digon o amrywiaeth o lysiau i gadw'r teulu'n hapus. Pwyll pia hi!

Os nad ydach chi'n gwybod sut bridd sydd ganddoch chi, rŵan ydi'r amser i wneud eich gwaith ymchwil. Mae gwahanol blanhigion yn tyfu'n dda mewn gwahanol briddoedd ac amgylchiadau felly gnewch yn siŵr eich bod yn dewis y cnydau iawn ar gyfer eich tirwedd chi. Er enghraifft, does dim pwynt trio tyfu planhigion dringo delicet sydd angen lle cysgodol os ydach chi, fel fi, yn byw mewn lle gwyntog, agored.

Mae modd prynu pecynnau i brofi ansawdd a pH eich pridd, ac mae llyfr megis *The New Vegetable & Herb Expert* gan Dr D. G. Hessayon yn un defnyddiol gan ei fod yn rhestru amrywiaeth eang iawn o lysiau ac yn manylu ar yr amodau gorau ar gyfer eu tyfu.

Paratoi'r Patsh

Mae sut y byddwch chi'n mynd ati i baratoi patsh llysiau newydd yn dibynnu ar faint eich darn o dir, a'ch lleoliad. Yn ddelfrydol, mi fysan ni i gyd yn llogi tractor ac arad i ddod draw i drin y tir, ond yn anffodus, mae'r rhan fwya ohonon ni'n gorfod gwneud y gwaith efo llaw.

Mae 'na ddwy neu dair ffordd o daclo'r dasg yma:

➤ Os mai ardal fach sydd ganddoch chi i dyfu llysiau mi fysa gwelyau wedi'u codi (*raised beds*) yn ffordd hawdd iawn o greu patsh mewn amser byr. Mi allech chi adeiladu'r gwelyau allan o hen fordiau sgaffaldio, *sleepers* rheilffordd neu unrhyw bren sydd wrth law. Gallwch hyd yn oed adeiladu'r gwelyau yn syth ar laswellt, oherwydd bydd pwysau'r pridd yn lladd popeth oddi tano. Pan fyddwch wedi tywallt pridd i'r gwelyau, gallwch eu defnyddio nhw'n syth. Un cam ymlaen o botiau ydi gwelyau fel hyn mewn gwirionedd – un pot mawr fel 'tae! Wedi i chi dyfu cnwd ynddyn nhw unwaith, bydd angen i chi fforchio'r pridd yn ddwfn ac ychwanegu compost neu dail i wella ansawdd y pridd ar gyfer yr ail dymor tyfu.

➤ Gyda lleoliad maint canolig gallwch ladd y gwair drwy daenu hen garped neu shît blastig arno. Gwnewch hyn ar ddiwedd yr haf er mwyn iddo gael bod i lawr cyn hired â phosib cyn y byddwch angen defnyddio'r tir yn y gwanwyn. Pan ddaw'r gwanwyn (rhyw fis cyn dechrau plannu) gallwch balu'r tir efo peiriant palu (*Rotovator*) neu balu dwbwl.

Palu Dwbwl (Double Dig)

Mae palu dwbwl yn ddefnyddiol pan ydach chi angen gwella draeniad y pridd, neu os nad ydi'r patsh wedi cael eu balu o'r blaen. Mae'n cymryd amser, ac mi fyddwch chi angen rhaw, berfa a chefn cryf, ond mae'r cwbl yn werth y drafferth.

I ddechrau rhaid agor cwys led eich patsh a rhoi'r pridd o'r gwys gyntaf yma yn y ferfa. Mi gewch

Rhywbeth bach arall i'w ystyried ydi'r tirwedd – i ba gyfeiriad mae'r patsh yn wynebu, a sut i wneud y mwya o'r haul.

chi weld pam yn y munud! Wedyn, agorwch gwys arall tu ôl i'r un gyntaf. Mae'r pridd o hon yn mynd yn ôl i'r gwys gyntaf. Gwnewch hyn yr holl ffordd ar hyd y patsh ac yn y diwedd mi fydd ganddoch chi un gwys heb bridd ynddi. Ewch yn ôl at y ferfa, a rhoi'r pridd a godoch chi o'r gwys gyntaf yno. Syml! Mae'r system hon yn rhoi gwell dyfnder i'r pridd, sydd yn hanfodol os ydach chi'n bwriadu plannu moron, pannas neu unrhyw lysiau gwraidd.

➤ Os ydi'ch patshyn chi'n fwy, er enghraifft congl cae neu ben draw'r ardd, mae defnyddio chwynladdwr yn syniad da i gael gwared o'r glaswellt a'r chwyn. Mi fydd hyn yn arbed arian ac amser yn y diwedd. Ar ôl rhyw dair neu bedair wythnos gallwch ddefnyddio peiriant palu ar y patsh.

Mae'n rhaid i chi wybod o ba gyfeiriad mae'r gwyntoedd cryfion yn debygol o ddod er mwyn adeiladu rhyw fath o gysgod i'ch planhigion, os nad oes cysgod naturiol yn gwarchod y tir yn barod. Os ydi'r amgylchiadau naturiol yn rhai caled, fel yn fy mhatsh i yma yn Rhosgadfan, rŵan ydi'r amser i ystyried adeiladu tŷ gwydr, twnnel plastig neu sied. Mae'n werth treulio ychydig bach o amser efo papur a phensel yn gwneud cynllun neu ddau (neu dri) yn dangos lle gallech chi roi bob dim cyn cychwyn palu, gan dalu sylw i'r pwyntiau uchod.

Y cyngor gorau y medra i ei gynnig i unrhyw un sydd am gychwyn tyfu llysiau am y tro cynta ydi dechrau ar raddfa fechan. Tydach chi ddim isio adeiladu coblyn o batsh mawr a thorri'ch calon hanner ffordd drwy'r tymor. Mae'n well cael blwyddyn gynta lle cewch chi ddigon o gnwd i lenwi'ch bol, i fwynhau a chael dysgu. Mi fydd digon o gyfle y flwyddyn wedyn i fentro trio mathau gwahanol o lysiau ac i wneud y patsh yn fwy os ydach chi wedi cael llwyddiant!

Cylchdroi Cnydau

Mi fydda i'n meddwl yn galed bob Ionawr am sut a lle i dyfu llysiau'r flwyddyn honno. Y system dwi wedi ei mabwysiadu yw'r system cylchdroi cnydau, sy'n gallu gweithio ar unrhyw raddfa, bach neu fawr, ac ar batshys hen a newydd. Yn syml, y cwbl sy'n rhaid ei wneud ydi symud gwahanol gnydau o dymor i dymor – hynny ydi, os ydach chi wedi tyfu tatws neu lysiau gwraidd ar un rhan o'r patsh eleni, mi ddylech roi cnydau bresych (*brassicas*) neu gnydau pys (*legumes*) yno y flwyddyn nesa, a chylchdroi'r tri math o gnwd yn flynyddol wedi hynny. Ionawr ydi'r mis delfrydol i gychwyn ar y broses yma.

Cynllun Cnydau

	BLWYDDYN 1	BLWYDDYN 2	BLWYDDYN 3
PLOT 1	**1** Bresych, Blodfresych, Sbrowts, Brocoli, Cêl, Rwdins	**1** Moron, Betys, Pannas, Tatws	**1** Pys, Ffa o bob math, Nionod, Cennin, Seleri
PLOT 2	**2** Pys, Ffa o bob math, Nionod, Cennin, Seleri	**2** Bresych, Blodfresych, Sbrowts, Brocoli, Cêl, Rwdins	**2** Moron, Betys, Pannas, Tatws
PLOT 3	**3** Moron, Betys, Pannas, Tatws	**3** Pys, Ffa o bob math, Nionod, Cennin, Seleri	**3** Bresych, Blodfresych, Sbrowts, Brocoli, Cêl, Rwdins

Manteision y sytem cylchdroi cnydau ydi:

- Lleihau'r angen i ddefnyddio chwistrellau a chemegion
- Gwella ansawdd y pridd
- Llai o waith cynnal a chadw
- Gwarchod rhag pryfetach a phla (oherwydd tydi'r llysiau ddim yn cael eu tyfu yn yr un patsh bob blwyddyn)
- Mae'r system yn edrych ar ôl y llysiau

Y Tŵls Hanfodol!

Os ewch chi i unrhyw ganolfan arddio mi welwch chi resi di-ben-draw o gelfi garddio. Mae rhai yn fwy arbenigol na'r lleill, ac mae sawl un y medrwch chi wneud yn iawn hebddyn nhw! Ond yn aml iawn, mae prynu twlsyn pwrpasol yn medru gwneud gwaith yn llawer haws.

Cofiwch hefyd am y we pan fyddwch yn prynu tŵls – mae bargeinion i'w cael ar rai ail-law sydd bron fel newydd ar wefannau gwerthu megis e-bay.

Mi fydda i'n defnyddio'r tŵls yma yn ddyddiol yn yr ardd:

Rhaw balu – mae'n bwysig bod hon yn un gref felly mae'n werth talu chydig mwy am un dda pan fyddwch yn prynu un newydd. Mae gwahanol fathau o rawiau ar gael – rhai mawr ar gyfer agor cwysi, rhai i godi *turf*, rhai hanner cylch i greu ymyl ar wely a rhai bach ysgafn (nid i ferched yn unig mae'r rheini!). Mae dwy raw acw; un fawr i agor cwysi ac un lai ar gyfer twtio.

Matog (*Mattock*) – wn i ddim lle fyswn i heb y teclyn yma. Rwbath tebyg i gaib ydi o, ond bod un pigyn hefo darn siap rhaw arno. Mi allwch chi gael rhai bychan i'w defnyddio â llaw, heb y pigyn. Mae hwn yn rêl boi ar gyfer agor rhesi, yn enwedig os ydi'ch pridd chi'n drwm, neu heb gael ei drin o'r blaen. Mi fydda i yn prynu'r rhain yn ail-law gan amlaf, ond mae modd eu cael nhw ar y we hefyd.

Cribin – mae dwy gribin yma: un ar gyfer cribinio'r pridd a'r llall i gribinio'r glaswellt. Mae pen eitha hir a dannedd bras i'r un ar gyfer pridd, ac mae'n angenrheidiol ar gyfer paratoi'r tir cyn plannu hadau. Mae sbring yn yr un y bydda i'n ei defnyddio i gribinio'r glaswellt (*Spring Tined*). Mae'n edrych fel ffan, ac mae modd newid siâp y dannedd. Mae'n gribin dda i godi glaswellt oddi ar y lawnt neu i godi mwsog.

Hof siâp pedol (*Horseshoe hoe*) – mi fydda i'n hoff o'r siâp yma oherwydd bod modd defnyddio'r ddwy ochor wrth symud yr hof yn ôl ac ymlaen o dan y chwyn. Cofiwch gadw'r ochor yn finiog er mwyn torri'r hen chwyn 'na!

Fforch – un goes hir, eto i agor y pridd cyn plannu. Mae'n ddefnyddiol iawn i godi tatws hefyd, neu i dyllu'ch lawnt i wella'r draeniad a chael gwared ar fwsog. Mae gen i fforch law hefyd, i wneud tyllau yn y pridd er mwyn plannu.

Het haul – er nad ydi hi'n dwlsyn fel y lleill, mae hon yn hanfodol! Mi fydda i'n tueddu i wisgo het drwy'r flwyddyn beth bynnag, ond pan fyddwch yn gweithio yn yr haul mae angen rwbath efo cantal reit fawr rhag ofn i chi losgi cefn eich gwddw. Peidiwch ag anghofio'r eli haul chwaith!

Pa bynnag dŵls y byddwch chi'n eu prynu, mae'n bwysig edrych ar eu holau.

Cofiwch eu glanhau ar ôl eu defnyddio, ac ar ddiwedd y tymor garddio mae'n werth sandio eu coesau pren a rhoi côt o olew llinad (*boiled linseed*) iddyn nhw, i'w gwarchod rhag hollti. Cadwch waelod eich rhawiau'n finiog drwy eu ffeilio.

Gwrtaith

Dwi'n cadw dofednod, ac yn hoff iawn o'r petha bach! Prif fantais cadw adar ydi'r wyau, ond os ydach chi'n tyfu llysiau maen nhw'n ddefnyddiol mewn ffordd arall hefyd. Mae'r rhan fwya o'r adar o dan do gen i dros dymor y gaeaf – ac mae 'na lot o waith carthu ar eu holau!

Mi fydda i'n cymryd mantais o'r carthion yma gan eu rhoi ar y patsh, lle bydd y rhew yn eu helpu i bydru. Bydd y tail yma'n rhoi maeth hanfodol i lysiau'r tymor nesa a gwella ansawdd y pridd. Os nad ydach chi'n cadw anifeiliaid eich hun dwi'n siŵr y gallwch alw ar ffarmwr lleol, caredig, allai fod â pheth i sbario!

Os mai patshyn bychan sydd acw, tydach chi ddim angen llawer, ac mi fedrwch chi ddefnyddio tail ieir sych (*pelleted chicken manure*) o'r ganolfan arddio. Gadewch o ar wyneb y pridd i bydru a rhewi am ychydig wythnosau cyn ei droi o i mewn i'r tir.

Dofednod

Dwi wedi treulio lot o amser yn ystyried pa anifeiliaid i'w cadw, a tasa gen i ddigon o le, mi fyswn i'n cadw defaid, moch a gwartheg. Ond oherwydd maint ein tir, ac wedi meddwl o ddifri faint o elw neu gyfraniad fyddai'r anifeiliaid yn ei wneud, mi benderfynais i gadw ieir (neu iarods fel y bydda i'n 'u galw nhw), hwyaid a gwyddau. Fel hyn, maen nhw'n pori'r gwair, dwi'n cael wyau a chig, mae'r tail yn hynod o ddefnyddiol ac mae 'na rwbath therapiwtig iawn am wylio'r adar yn mynd o gwmpas eu petha. Mae'r nifer o ddofednod dwi'n eu cadw yn amrywio drwy'r flwyddyn. Ar yr amser prysuraf (gwanwyn a haf) ella bydd dros 100 yma, ond yn y gaeaf, bydd y nifer hwnnw'n dod i lawr i tua 30.

Mae dyn wedi bod yn cadw a magu ieir ers dros bedair mil o flynyddoedd. Mae pob un o'r gwahanol fathau o ieir rydan ni'n gyfarwydd â nhw heddiw wedi cychwyn yn Asia o un math o dderyn bach sy'n perthyn i deulu'r ffesant, y *Red Jungle Fowl*. Mae'r adar bach yma wedi bod yn llwyddiannus am sawl rheswm:

- Maen nhw'n hawdd iawn i'w cadw

- Mae ieir yn licio cwmni pobl

- Dydyn nhw ddim yn rhy ffysi ynglŷn â'u bwyd ac yn bwyta bob dim, mwy neu lai

- Does dim angen llawer o le ar eu cyfer nhw

- Maen nhw'n rhad i'w cadw

- Gallwch fagu mwy mewn amser byr iawn

- Mae'n hawdd cael gwared ohonyn nhw (hynny ydi, does dim angen mynd â nhw i'r lladd-dy)

Os ydach chi am ddechrau cadw ieir, mae'n bwysig dewis y brîd iawn yn y lle cynta. Mae 'na dros gant o wahanol fridiau, felly tydi hynny ddim yn dasg hawdd.

Mae lot o bobl yn dechrau hefo Warrens (neu ieir tinau coch fel bydda i'n eu galw nhw). Ieir masnachol (*commercial hybrids*) ydi'r rhain, ac mae cwmnïau cynhyrchu mawr yn eu defnyddio'n bennaf ar gyfer y farchnad wyau. Maen nhw ychydig yn rhatach i'w prynu, ac yn haws i gael gafael arnyn nhw, na ieir brîd pur. Mae'r Warrens wedi cael eu datblygu i ddodwy'n dda yn eu blwyddyn gyntaf, ac am mai c'wennod ydyn nhw (ieir yn eu blwyddyn gynta) maen nhw'n dodwy drwy eu gaeaf cynta hefyd. Ar ôl eu holl waith caled yn dodwy drwy'r flwyddyn maen nhw angen seibiant bach i fwrw eu plu – fydd yr iâr ddim yn dodwy yn ystod y cyfnod yma. Does gan y cynhyrchwyr masnachol ddim amser nag amynedd i ddisgwyl i'r ieir dyfu eu plu yn

ôl (er mai ond chwe i wyth wythnos mae hynny'n ei gymryd) felly maen nhw'n cael gwared â'r hen stoc, yn prynu ieir newydd ac yn dechrau eto. Mae hyn yn wastraffus iawn yn fy marn i.

Os ydach chi am ddechrau hefo Warrens mae'n rhaid i chi gofio mai iâr i'r farchnad fasnachol ydi hi. Ar ôl dodwy wy bron iawn bob diwrnod am y flwyddyn neu ddwy gynta, mae'r iâr wedi gorweithio. O hynny ymlaen, ella mai wy bob yn ail ddiwrnod gewch chi, a'r rheini'n wyau efo crychau mawr blêr yn y plisgyn 'fath â theits Nora Batty ers talwm. Mae'r bridiau pur yn dodwy wyau fel hyn hefyd yn y diwedd, ond dim ond ar ôl pum neu chwe blynedd.

Cyn dechrau cadw ieir a dewis brîd, mae 'na ambell beth i'w ystyried. Er enghraifft, os ydi'ch gardd chi'n fach, neu os ydach chi isio ieir sydd ddim yn mynd i fod yn llawer o drafferth, yna mi fydd bridiau trwm fel Cochin, Orpington neu Brahma yn eich siwtio chi. Tydi'r bridiau trwm yma ddim yn hedfan nag yn crwydro'n bell o'u cymharu â bridiau eraill, felly maen nhw'n addas iawn i'w cadw mewn un lle. Unig ddrwg y bridiau trwm ydi mai dim ond rhwng cant a dau gant o wyau maen nhw'n ddodwy bob blwyddyn.

Os oes ganddoch chi ddigon o dir, neu ddim yn poeni gormod am gyflwr eich gardd, mi fysa brîd ysgafn yn addas; er enghraifft y Leghorn, Minorca, Maran, Araucana neu Legbar. Mae'r rhain yn dodwy mwy o wyau (tua 200 i 300 y flwyddyn) ond am eu bod nhw'n adar ysgafnach, maen nhw'n gallu hedfan ac yn hoff iawn o grwydro.

Beth bynnag eich sefyllfa, mae'n hanfodol eich bod yn ymchwilio'n drwyadl cyn prynu adar, ac yn mynd i weld rhywun sy'n cadw'r math o ieir rydach chi'n ystyried eu prynu am gymorth ac arweiniad.

Gofalu am Ieir

Mae ieir angen y canlynol er mwyn bod yn hapus ac yn iach:

- dŵr glân
- Bwyd ffres
- Awyr iach
- Rhywle sych i glwydo

Y ffordd orau o egluro sut i edrych ar ôl ieir ydi disgrifio be dwi'n ei wneud mewn diwrnod arferol:

- Agor iddyn nhw yn y bore (ddim yn rhy gynnar) a'u bwydo efo *layers pellets* (mae'r rhain yn cynnwys bob dim maen nhw ei angen i ddodwy am y diwrnod).

- Gwneud yn siŵr fod ganddyn nhw ddŵr glân.

- Mae'r ieir yn rhydd wedyn i dreulio'r diwrnod fel lician nhw!

- Mi fydda i'n rhoid ffîd bach arall o gorn cymysg iddyn nhw rhyw awr cyn iddi dywyllu, fel bod ganddyn nhw ddigon o olau dydd i weld lle mae'r bwyd.

- Fel mae hi'n tywyllu, mi fydda i'n mynd o gwmpas i wneud yn siŵr eu bod nhw i gyd yn eu cytiau, a'u cau yn saff.

Cartref Clyd

Mae gen i wahanol gytiau ar gyfer gwahanol ieir felly dwi'n treulio dipyn o amser bob bore yn gwneud yn siŵr eu bod nhw i gyd yn iawn, a rhoi bwyd a dŵr iddyn nhw. Mi fydda i'n sbio rownd y cytiau'n ddyddiol i weld ydyn nhw angen eu llnau – ac mae'n amlwg ei bod hi'n amser newid gwelyau'r ieir pan fyddan nhw'n wlyb. Mi fydda i'n defnyddio llwch lli o siop amaethyddol achos ei fod o'n lân, wedi'i drin rhag heintiau (*medicated*) ac yn cynnwys llawer llai o lwch. Peidiwch â defnyddio'r llwch lli gewch chi ar ôl defnyddio lli drydan – mae o'n llawn olew a chemegion sy'n ddrwg i'r ieir.

Wedi prynu'r llwch lli mi fydda i'n rhoi chydig bach o *diatomaceous earth* ynddo fo (rhyw bowdwr gwyn ydi hwn, sydd hefyd yn cael ei ddefnyddio yn y stwff mae pobl yn ei roi mewn bocsys baw cath). Mae hyn yn helpu i warchod rhag pryfed bach.

Y Cwt Ieir

Pan fyddwch yn prynu cwt ewch am y gorau y gallwch ei fforddio, ac mi fydd yr ieir yn ddiolchgar iawn. Eto, mae 'na ambell beth i'w ystyried pan fyddwch yn dewis cwt. Mae'n rhaid gwneud yn siŵr fod digon o le i'r ieir glwydo, a bod y clwydi'n uwch na'r blychau nythu. Fel arall, mi fydd yr ieir yn clwydo yn y blwch nythu ac yn baeddu'r nyth a dodwy yn y baw gan wneud yr wyau'n fudur).

Mae dau ddewis – prynu cwt ieir wedi ei wneud yn barod neu mynd ati i adeiladu un eich hun. Mae'r rhai da y gallwch chi eu prynu o siopau amaethyddol yn dod yn fflat mewn pecyn neu yn barod i'w defnyddio. Mantais prynu un parod ydi bod bob dim wedi ei adeiladu i chi, ond wrth ddewis cwt cofiwch ystyried hyn –

- Faint o ieir ydach chi am eu cadw? Mae'n rhaid i'r cwt fod yn ddigon mawr iddyn nhw gael clwydo dros nos. Fel arfer mae cytiau'n cael eu gwerthu yn ôl eu maint (cwt addas i 4 - 6 iâr, 6 - 8 iâr a.y.b.) ond cofiwch, os ydach chi'n bwriadu cadw bridiau trwm, gall 4 iâr gymryd cymaint o le â 6 o ieir llai.

- Bocsys nythu. Anaml iawn y bydd pob iâr isio nythu ar unwaith, felly gwnewch yn siŵr fod 1 blwch i bob 3 iar yn eich cwt.

- Libart (*run*). Mi ddaw rhai o'r cytiau efo lle i'r ieir grwydro yn sownd ynddyn nhw, felly does dim rhaid i chi boeni'n ormodol am gau'r ieir i mewn dros nos. Eto, mae'n rhaid gwneud yn siŵr fod y libart yn ddigon mawr ar gyfer y brîd rydach chi'n bwriadu ei gadw.

Os ydach chi am fentro adeiladu cwt eich hun yna meddyliwch am y brîd gynta, a nifer yr ieir. Mae'r pwyntiau gyferbyn yn ganllaw i chi o safbwynt adeiladu palas gweddus iddyn nhw.

Gallwch wneud cwt allan o fanion pren, palets wedi eu torri'n ddarnau neu goed haenog (plywood) – yn enwedig *marine ply* sydd wedi cael ei wneud yn arbennig i wrthsefyll dŵr. A deud y gwir, gallwch ddefnyddio unrhywbeth sy'n glyd. Cofiwch roi dau ddrws ynddo fo – un bach ar gyfer yr ieir ac un mawr i'ch galluogi chi i llnau'r cwt yn hawdd. Mae angen tyllau awyr er mwyn cael digon o awyr iach, ac os ydi'r cwt yn mynd yn rhy boeth yn y nos a'r ieir yn dod allan i'r oerni yn y bore, mi allan nhw gael annwyd. Wir yr!

Os nad oes libart yn sownd yn y cwt mae'n well rhoi'r cwt ar goesau os yn bosib, er mwyn ei godi oddi ar y llawr. Mae hyn yn rhoi gwell awyriad, yn cadw llygod mawr allan ac yn rhoi lle i'r ieir gysgodi rhag glaw neu haul cryf.

Os byddwch chi'n penderfynu rhoi to ffelt ar eich cwt, mae'n well peintio'r cwbwl efo creosot gynta. Mi fydd hyn yn gwneud i'r coedyn bara'n hirach, a tydi *red mites* (paraseit sy'n byw ar ieir) ddim yn licio'r stwff o gwbwl, felly mi fyddwch chi'n edrych ar ôl iechyd eich ieir hefyd. Peintiwch y cwt yn flynyddol gyda chreosot i gadw pawb yn hapus.

Yokohama

Cyw Cochin Buff

Cochin Coch

Cochin Frizzle Du

Bridiau

Dyma'r bridiau rydw i'n arbenigo ynddyn nhw:

Ieir Cochin

Daeth y Cochin yma o China yn yr 1850au. Mae o'n aderyn mawr, ac mae'r plu ar eu traed a'u coesau'n golygu na allan nhw grafu'r ddaear gymaint â bridiau eraill. Maen nhw'n ddodwy'n dda ac mae'r ieir yn gori'n ffantastig. Am eu bod nhw'n frid trwm, dydyn nhw ddim yn hedfan o gwbwl, nag yn yn crwydro'n bell. Mae'r Cochin yn ddelfrydol i'w cadw mewn gardd.

Ieir Yokohama (Bantam)

Mae'r Yokohama yn wreiddiol o Japan a gellir olrhain y deryn bach yma yn ôl i 600 O.C. Daeth drosodd i Ewrop yn y 1860au. Aderyn sioe ydi hwn, a phlu'r gynffon yn gallu tyfu i dros 6 troedfedd o hyd. Mae'n aderyn ysgafn iawn ac yn hoffi clwydo'n uchel, felly mi all hedfan yn reit dda. Dydi hwn ddim y math o aderyn y medrwch ei gadw mewn gardd gyfyng, ond mae'r ieir yn dodwy wyau bach sy'n llawn maeth.

Ieir Cream Legbar

Mae'r ieir yma'n ddefnyddiol iawn oherwydd ei bod yn bosib deud pan mae'r cyw yn deor pa ryw ydi o, sy'n rhoi cyfle i chi gael gwared â'r ceiliogod yn syth bin. Mae o'n aderyn canolig ei faint ac yn dodwy wyau sydd â gwawr las neu wyrdd iddyn nhw. Maen nhw'n gallu hedfan ychydig ac yn mwynhau crafu a chrwydro, felly os ydach chi am gadw'r brîd yma, mae'n syniad da eu cadw nhw mewn libart eitha mawr sydd â ffens weiren uchel (o leia 6 troedfedd).

Gwyddau Embden

Gŵydd wen, eitha mawr, ydi hon, efo pig a choesau oren a llygaid glas. Yn wreiddiol o ogledd yr Almaen, dim ond tua 20 o wyau y flwyddyn maen nhw'n eu dodwy – ond maen nhw'n gori'n dda. Gall y ceiliogod fod yn ymosodol, yn enwedig wrth drio amddiffyn yr iâr a'r cywion. Yn ogystal â bod yn ŵydd flasus, mae'n pori'r gwair ac yn gollwng gwrtaith ar yr un pryd. Lot llai o drafferth na defaid neu wartheg!

Hwyaid Rouen

Hwyaid Rouen

Yn wreiddiol o Ffrainc, maen nhw'n dodwy'n dda (rhwng 140 a 200 o wyau y flwyddyn) ac yn gallu tyfu i hyd at 12 pwys! Mae eu cig yn flasus iawn hefyd, felly mae Jen yn eu hoffi nhw!

Hwyaden Muscovy

Mae'r hwyaden yma'n wreiddiol o Mecsico ac mae'r ceiliog yn glamp o aderyn sy'n gallu tyfu ymhell dros ddwy droedfedd mewn taldra a phwyso tua 15 pwys. Mae'r Muscovy'n gallu hedfan – yn aml iawn mi ydw i'n eu gweld nhw'n clwydo ar ben sied neu ar do isel – felly mae'n well torri eu hadenydd jyst rhag ofn. Dydi'r hwyaden yma ddim angen dŵr drwy'r amser, dim ond rhyw drochfa sydyn. Mae hon yn ateb pob diben – yn dodwy wyau mawr gwyn, blasus (sy'n grêt i wneud cacen), yn hwyaden sioe dda ac yn flasus i'w bwyta!

Gwyddau Steinbacher

Mae'r brîd diddorol iawn yma yn eitha newydd ym Mhrydain. Yn wreiddiol o Thuringia yn yr Almaen, cafodd y Steinbacher ei fagu fel aderyn cwffio, a daeth y rhai cyntaf yma yn y 1980au. Adar sioe ydi'r Steinbacher mewn gwirionedd, ac maen nhw'n hynod o brin. Mae'n aderyn hardd iawn sydd ond ar gael mewn un lliw yn y wlad yma, sef llwydlas.

Wyau

Mantais fwya cadw ieir ydi wyau ffres bob dydd – a chewch chi ddim sy'n fwy fres nag wy yn syth o din yr iâr! Mae cymaint o wahaniaeth rhwng safon wyau eich ieir eich hun a'r rhai 'dach chi'n eu prynu mewn archfarchnad:

- Rydach chi'n gwybod un union be mae eich ieir chi wedi bod yn ei fwyta

- Mi wyddoch chi sut mae'r ieir wedi cael eu cadw (hynny ydi, eu bod nhw'n ieir hapus).

- Mae 'na fwy o faeth mewn wy iâr rydd (*free range*)

Mi fydd wyau yn cadw am rhyw dair wythnos, ond fydda i ddim yn eu cadw nhw yn yr oergell – lle tywyll fel pantri neu gwpwrdd reit oer ydi'r lle gorau ar eu cyfer. Mae plisgyn wy yn dyllog, felly os ydach chi'n eu cadw nhw yn yr oergell mi wnân nhw sugno arogl bwydydd eraill a bydd blas yr wy yn newid. Mae'n bwysig hefyd rhoi eich wyau i sefyll y ffordd iawn – gyda'r pigyn at i lawr! Mae 'na sach o aer ym mhen tew yr wy, ac os rhowch chi'r pen isa i lawr, mi all y sach yma deithio i fyny ochr yr wy a difetha'r croenyn tenau.

Os nad ydach chi'n siŵr ydi'ch wyau chi'n fres, dyma ffordd dda o jecio. Rhowch yr wy mewn dŵr oer. Os ydi'r wy'n suddo i'r gwaelod ac yn aros ar ei ochr yna mae o'n iawn i'w fwyta, ond os ydi o'n suddo i'r gwaelod a'r pigyn yn dechrau codi, yna mae'n rhaid ei ddefnyddio'n reit handi. Os ydi o'n suddo a'r pigyn yn codi i fyny yn syth yna lluchiwch o – ond cofiwch fod yn ofalus iawn sut rydach chi'n cael gwared ohono fo. Mae wy fel'ma yn ddrwg ac mi fydd o'n drewi'n ofnadwy ar ôl cael ei dorri!

Ionawr ... yn y gegin

Quiche

Dydan ni byth yn brin o wyau, felly dyma rysáit bach syml sydd yn hawdd iawn i'w addasu i siwtio'ch teulu chi. Gallwch ddefnyddio paced o grwst brau (mi fydda i'n gwneud hyn pan fydda i ar frys) ond dyma'r rysáit sydd yn gweithio i mi bob tro.

Y Crwst

> 200g (8 owns) o flawd plaen
> 50g (2 owns) o lard
> 50g (2 owns) o farjarîn
> Pinsiaid o halen
> 2 llond llwy fwrdd o ddŵr

Hidlwch y blawd a'r halen i bowlen. Torrwch y lard a'r marjarîn yn ddarnau bach efo cyllell a'i ychwanegu at y blawd.

Defnyddiwch eich dwylo i rwbio'r blawd a'r braster i'w gilydd, nes y byddan nhw'n edrych fel briwsion mân.

Ychwanegwch y dŵr oer a'i gymysgu efo cyllell. Casglwch y cymysgedd at ei gilydd yn lwmpyn efo'ch dwylo – mi ddylai'r bowlen fod yn lân erbyn hyn.

Cadwch y cymysgedd yn yr oergell nes y byddwch chi'n barod i'w ddefnyddio.

Y Llenwad

> 2 wy
> 200-250ml (hanner peint) o lefrith
> 50g (2 owns) o gaws caled (cheddar)
> 1 nionyn bach
> 2 neu 3 sleisen o gig moch
> 2 tomato

Cynheswch y popty i farc nwy 5, 190°C / 375°F

Rholiwch y crwst a'i ddefnyddio i leinio dysgl fflan.

Rhowch y tomato mewn dŵr berwedig er mwyn ei gwneud hi'n haws i dynnu'r croen. Wedi ei blicio, sleisiwch y tomato'n denau a'i roi ar waelod y ddysgl.

Sleisiwch y nionyn yn fân a'i sgeintio ar ben y tomato.

Sleisiwch y cig moch a'i roi ar ben y nionyn.

Gratiwch y caws a'i roi ar ben y cynhwysion eraill.

Mewn jwg, curwch y llefrith a'r wyau efo'i gilydd a'i arllwys yn ofalus dros y cynhwysion yn y ddysgl fflan.

Rhowch yn y popty am 30 - 40 munud neu nes bydd yr wy wedi coginio.

Gadewch y quiche i oeri cyn ei fwyta.

Gallwch ychwanegu unrhyw gynhwysion i'ch quiche – mae pysgod, llysiau a pherlysiau yn gweithio'n dda.

> Os fedrwch chi gadw'r cynhwysion, yr offer a'ch dwylo'n oer wrth baratoi'r crwst brau, mae hyn yn creu crwst bendigedig.

Ym mis Ionawr, does dim llawer o gynnyrch ffres yn yr ardd, ond mae modd bod yn greadigol efo'r ychydig sydd ar gael...

Perlysiau

Does fawr ddim yn tyfu yn yr ardd berlysiau, ond gallwch fod yn siŵr y bydd yno rosmari, teim a dail ar y goeden lawryf — ac mae'r rhain yn fwy na digon i roi blas ar unrhyw bryd. Defnyddiwch nhw'n ffres mewn cawl neu stiw — ond cofiwch gyfri sawl deilen lawryf sy'n mynd i mewn ac yn dod allan o'r pot, er mwyn sicrhau na fydd neb yn bwyta un mewn camgymeriad (neu'n waeth byth, eich bod yn eu rhoi nhw yn y blendar nes eu bod yn ddarnau bach caled drwy'ch cawl!).

Stoc

Mae perlysiau caled fel hyn jyst y peth ar gyfer rhoi blas i stoc o unrhyw fath. Mae'n bechod prynu powdwr stoc pan mae posib gwneud peth adra am y nesa peth i ddim!

Y cwbwl sydd ei angen yw esgyrn o unrhyw fath (sgerbwd eich cyw iâr Sul efallai, neu goes oen). Does dim ots ydi'r esgyrn wedi eu crafu'n lân ai peidio, oherwydd mae lot fawr o flas yn y mêr. Taflwch nhw i'r sosban hefo darn o nionyn, moronen, coesyn seleri a'r perlysiau; eu gorchuddio â dŵr berwedig ac anghofio amdanyn nhw am awr! Wedi i chi hidlo'r llysiau o'r stoc, gallwch ei rewi neu ei ddefnyddio'n syth mewn cawl, risoto neu stiw. Os ydach chi'n trio peidio â bwyta gormod o saim, gadewch iddo sefyll ac oeri, a gallwch godi'r saim o'r stoc wedi iddo galedu ar yr wyneb.

Llysiau Rhost

Drwy lwc, mae'r ardd lysiau wrth law drwy'r flwyddyn – hyd yn oed yn oerni Ionawr pan nad oes llawer i'w weld yn tyfu. O dan y pridd caled mae'r moron a'r pannas yn llechu, ac mae ychydig o rew dros y misoedd oer yn ychwanegu at flas melys y llysiau yma.

Mi fydda i'n hoffi rhostio'r rhain, i wneud yn fawr ohonyn nhw. Mae angen eu plicio a'u sleisio ar eu hyd i drwch o tua un centimedr, cyn eu rhoi mewn tun rhostio gydag olew olewydd, menyn ac ychydig o halen a phupur. Rhowch nhw yn y popty ar wres eitha uchel (tua 200°C) am o leia hanner awr, gan gadw golwg rhag ofn iddyn nhw losgi. Tua 5 munud cyn iddynt fod yn barod, arllwyswch ychydig o fêl drostynt a'u rhoi yn ôl yn y popty ar wres uchel.

Pannas

Mae pannas yn gwneud cawl arbennig o dda – yn enwedig gyda phinsiaid o sbeis megis garam masala i ychwanegu rhyw gynhesrwydd at eu melyster. Rhowch gynnig ar eu rhostio'n ysgafn yn gynta i ychwanegu at y blas. Hefyd, gan fod pannas (fel seleriac) yn mynd yn feddal ar ôl eu berwi, gallwch eu cymysgu hefo tatws i wneud stwnsh blasus iawn. Jyst y peth i'w fwyta gyda chig oen, gan y byddai'r siwgwr yn y llysiau yn torri drwy'r saim yn y cig.

Sbrowts

Mae sbrowts hefyd ar gael dros y gaeaf ac mi fydda i wrth fy modd efo nhw. Nid ar gyfer y cinio Dolig yn unig y crewyd y sbrowten fach, ac mae'n bechod ei hanwybyddu weddill y tymor. Peidiwch da chi â'u berwi'n rhacs — os oes raid i chi eu berwi, yna gwnewch hynny am 5 munud bach, fel bod y blas a'r maeth yn dal ynddyn nhw. Be fydda i yn 'i wneud ydi sleisio'r sbrowt yn denau a'i ffrïo'n sydyn hefo ychydig o fenyn a saws soi. Syml a blasus. Os ydach chi am fod yn fwy traddodiadol, berwch nhw am funud neu ddau i gychwyn, a'u haneru cyn eu ffrïo efo ychydig o gig moch mewn menyn.

Ar adegau fel hyn, mae'r rhewgell yn handi iawn. Be sy'n brafiach ar ddiwrnod oer, gwlyb, nag eistedd o flaen tanllwyth o dân yn bwyta tarten gyrens duon neu grymbl riwbob — yn atgof o'ch gwaith caled yn yr ardd ym misoedd cynnes yr haf!

Gwnewch y pethau bychain...

Mae gallu arbed arian ac amser yn sgìl werthfawr iawn i bob mam brysur. Dyma rai pethau y bydda i'n trio'u gwneud yn rheolaidd.

Coginio

Pan fydda i'n paratoi pryd sy'n hawdd a sydyn i'w goginio (bolognese, cyrri neu bastai'r bugail, er enghraifft) mi fydda i'n paratoi mwy na digon er mwyn gallu ei rewi at eto. Rhannwch y gweddill yn ddognau unigol – rhai mawr i'r oedolion a rhai bach i'r plant. Os oes babi yn eich cartref, gallwch rewi dognau llai byth wedi eu llyfnu yn y prosesydd bwyd. Cofiwch beidio ag ychwanegu halen na gormod o bupur a sbeis i brydau plant bach a babanod.

Siopa

Mae Russ yn meddwl 'mod i'n hollol boncyrs, ond wir i chi, mae hyn yn gweithio! Gwnewch fwydlen am yr wythnos o'ch blaen, gan nodi'n fanwl be sydd ei angen i baratoi bob pryd a faint o'r cynhwysion sydd eisoes yn eich cwpwrdd bwyd. Gwnewch restr siopa a sticiwch iddi – dim ond unwaith yr wythnos fydd yn rhaid i chi fynd i siopa wedyn. Gallwch rewi bara a llefrith a'i dynnu allan fel bo'r angen.

Os allwch chi fynd i siopa yn agos at amser cau mae posib cael bargeinion ar gynnyrch ffres fel bara, cig ac ati. Gwnewch yn siŵr fod lle yn eich rhewgell a gallwch eu rhewi'n syth ar ôl cyrraedd adra.

Gwnewch eich neges ar-lein os allwch chi. Chewch chi mo'ch temtio i daflu manion diangen i'ch basged wedyn! Fel arfer mi fydd yn rhaid i chi dalu am y gwasanaeth o ddanfon y bwyd i'ch cartref ond yn aml mae hynny'n llai na chost petrol / diesel i'r siop ac adra a'ch amser chi (gallwch wneud rwbath arall, fel trefnu yswiriant y car neu drefnu i gyfarfod ffrind, yn hytrach nag ymlwybro rownd y siop).

Gwaith Tŷ

Mi oeddwn i'n arfer prynu dystars melyn ond roeddan nhw'n mynd yn dila iawn ar ôl eu golchi unwaith neu ddwy – ac mi oeddwn i'n gorfod eu golchi nhw ar wahân i bob dim arall oherwydd bod y lliw yn rhedeg. Erbyn hyn dwi wedi dechra defnyddio hen sanau (rhai efo twll ynddyn nhw neu rhai di-bartner), hen dronsys neu unrhyw ddilledyn na fedra i mo'i drwsio. Yn ogystal ag arbed arian mi fedra i eu lluchio nhw i'r peiriant golchi efo bob dim arall!

Mae finegr yn hen ffefryn gen i o gwmpas y tŷ:

- Cymysgwch finegr a dŵr i lanhau ffenestri a drychau, gan ddefnyddio papur newydd yn lle cadach
- Chwistrellwch finegr gwyn ar unrhyw batshys chwyslyd ar ddillad cyn eu golchi – bydd hyn yn help i godi'r staen

Prynu Dillad

Dwin cofio cael sgwrs efo perthynas i mi un tro oedd yn deud ei bod yn gwario cannoedd ar ddillad i'w phlant. Ar y pryd, mi o'n i'n meddwl mai gwastraff oedd talu mwy am ddillad plant drud, ond rŵan 'mod i'n fam fy hun, dwi'n dechrau cytuno efo hi. Wrth dalu tipyn bach mwy am ddillad o ansawdd da dwi'n teimlo eu bod nhw'n golchi, yn sychu ac yn gwisgo'n well na rhai rhad. Os ydach chi'n ddigon ffodus

i gael ail fabi o'r un rhyw, rydach chi wedi arbed ffortiwn yn syth bin, ac oherwydd bod y dillad mewn cyflwr mor dda ac wedi eu gwneud gan gwmni adnabyddus mi fedrwch chi eu gwerthu nhw ar y we neu mewn sêl cist car a chael ychydig o'ch arian yn ôl.

Siopau Elusen – dwi wrth fy modd efo'r rhain, ac erbyn hyn mae nifer fawr o bobol yn eu defnyddio. Mae llawer iawn o ddillad da i'w cael am ychydig bunnoedd, ac mi ydach chi'n cyfrannu at elusen ar yr un pryd. Dwi'n cofio Mam yn cael trowsus Chanel mewn siop elusen un tro am £10. Bargen! Felly os ydach chi'n mynd ar eich gwyliau, yn enwedig i ardal reit grand, ewch am sgowt o gwmpas y siopau elusen lleol. Pwy a ŵyr be gewch chi!

Golchi Dillad

- Rhowch y peiriant golchi llestri / golchi dillad / sychwr dillad ymlaen cyn mynd i'r gwely os ydach chi'n cael trydan rhatach yn y nos, neu i'r gwrthwyneb os ydach chi'n talu llai am drydan yn ystod y dydd.

- Os ydach chi'n defnyddio sychwr dillad, rhowch sbin ychwanegol i'ch dillad yn y peiriant golchi gynta, fel eu bod yn sychu'n gynt. Hefyd, gwnewch yn siŵr fod ffilter y sychwr yn glir bob tro cyn ei ddefnyddio.

- Rhaid cael lein ddillad. Mae'n hanfodol, felly triwch stwffio un i'r iard gefn leiaf dan haul os fedrwch chi! Hyd yn oed os mai ond am awr mae'r dillad allan cyn eu rhoi yn y sychwr, mae pob mymryn yn help.

- Un peth na fedra i ei ddiodda ydi sychu dillad ar reiddiaduron y tŷ. Mae'n achosi tamprwydd sy'n ddrwg i'r adeilad ac – yn bwysicach – yn ddrwg i'ch iechyd!

Arbed ceiniog neu ddwy ...

- Defnyddiwch frwsh dannedd rhad (neu hen un) a phast rhad, gwyn i lanhau'r sêl ar ddrysau'r rhewgell a'r oergell. Tydach chi ddim angen llawer ohono fo, ond bydd sgwrio'r rwber yn dda yn cael gwared â'r llwydni a'r bacteria i gyd.

- Does dim angen gwario ar shampŵ drud, pwrpasol, i olchi'r car. Prynwch y sebon golchi llestri rhataf yn y siop ar gyfer y gwaith (mae darnau bach yn y stwff drud all sgratshio paent y car).

- Os nad oes ganddoch chi *conditioner* gwallt yn y tŷ, defnyddiwch hylif meddalu dillad (*fabric conditioner*). Mae'n gwneud yn union yr un fath!

- Ydi'ch oergell chi braidd yn ddrewllyd? Rhowch ychydig o olosg barbeciw yn y cefn – bydd hwn yn amsugno'r aroglau drwg i gyd.

- Dwylo budur? Rhowch sebon golchi llestri a siwgwr ar eich dwylo a'u rhwbio'n galed efo'i gilydd. Mae'r sebon yn tori drwy'r saim a'r siwgwr yn crafu'r croen yn lân.

Mis Chwefror

Mis Chwefror

Er ei bod hi'n oer iawn
o hyd mae 'na ddigon i'w
wneud yn yr ardd – ac mi
fydd unrhyw waith caled
wnewch chi rŵan yn arbed
lot o amser i chi weddill y
flwyddyn. Lapiwch i fyny'n
gynnes a meddyliwch am
ffrwyth eich llafur ymhen
ychydig fisoedd!

Mis Chwefror

Troi'r Tir

Mi fydd y rhew a'r eira wedi rhoi help llaw i'r tail a'r gwrtaith hwnnw roesoch chi ar eich patsh llysiau fis Ionawr i bydru chydig – felly mae'n rhaid mynd ati i droi'r tir er mwyn gwneud yn siŵr fod y maeth yn mynd i mewn yn ddwfn i'r pridd.

Eto, gallwch ddefnyddio peiriant palu i wneud y gwaith ond mae'n well gen i balu dwbwl, fel y gwnes i ym mis Ionawr.

Glanhau

Un o'r jobsys pwysicaf y mis yma ydi glanhau'r tŷ gwydr a'r twnnel plastig er mwyn cael gwared ag unrhyw facteria neu lwydni a allai greu problemau i'ch planhigion fel maen nhw'n tyfu.

Mi fydda i'n defnyddio dŵr cynnes a *bleach* yn y twnnel plastig, gan sgwrio bob man cyn darfod efo trochfa dda o ddŵr drwy'r hôspeip. Mi fydda i'n gwneud yr un fath yn y tŷ gwydr – ac mae'n bwysig iawn bod y fan honno'n hollol lân, achos yn y tŷ gwydr dwi'n hau'r hadau bach, a dwi isio iddyn nhw gael y dechrau gorau posib.

Dechrau'n iawn...

Mae'n rhaid i mi gael bob dim wrth law yn y tŷ gwydr cyn dechra plannu hadau, neu fydd 'na ddim trefn. Dyma restr o'r pethau na alla i wneud hebddyn nhw:

- Llond bin o gompost (cymysgedd o gompost y patsh a chompost o fag fydda i'n ei ddefnyddio)
- Sgŵp i lenwi'r cafnau a'r potiau hefo compost
- Cafnau hadau glân (ailgylchwch hen rai a'u glanhau mewn dŵr cynnes a *bleach*)
- Labeli plastig gwyn (rhai o faint call y gallwch sgwennu arnyn nhw)
- Ffelt pen ddu efo inc sydd ddim yn golchi i ffwrdd (gwnewch yn siŵr fod 'na un sbâr yn y tŷ os ydach chi 'run fath a fi ac yn eu colli nhw'n dragwyddol!)
- Can dyfrio efo teclyn ar ei big i allu dyfrio'n ysgafn
- Hadau i'w hau!

Be i'w dyfu?

Mae 'na bethau y gallwch chi fentro dechrau eu tyfu ym mis Chwefror os nad ydi hi'n rhy oer, neu os oes ganddoch chi ffordd o gadw'r tŷ gwydr yn gynnes.

Dyma be fydda i yn ei hau y mis yma:

- Bresych
- Blodfresych (a Romanesco)
- Ciwcymber
- Cennin
- Letis
- Nionod (hâd a sets)
- Garlleg
- Cêl

Mi fydda i'n hau un cafn bach bob pythefnos nes bydd gen i bedwar cafn llawn. Mi fydd hynny'n ddigon i 'ngadw i i fynd am rai wythnosau. I gael syniad be i'w hau pryd, a phryd i'w cynaeafu, tarwch olwg ar y tabl ar dudalen 110.

Hau'n olynol
(*Successional Sowing*)

Yn syml iawn, hau ychydig o hadau bob hyn a hyn. Mi fydd ganddoch chi blanhigion ifanc i'w trawsblannu'n amlach, ond y fantais ydi na fydd eich llysiau i gyd yn barod ar unwaith.

Sut i hau hadau

Mae hau neu blannu hadau yn hynod o syml. Llenwch y cafnau efo compost (rhai hefo celloedd ynddyn nhw fydda i yn eu defnyddio) ac yna rhoi hedyn neu ddau ym mhob cell, eu pwyso i lawr i'r compost yn ysgafn a rhoi chydig mwy o gompost ar y top. Cofiwch roi label ar y cafn sy'n deud be ydach chi wedi'i blannu ynddo fo, a'r dyddiad. Bydd angen dyfrio'n ddyddiol a gadael i natur wneud ei waith. Syml 'de?

Cynllunio gofalus

Mae 'na gyfnod ar ddechrau'r flwyddyn fel hyn lle nad oes llawer yn tyfu yn yr ardd lysiau. Fel arfer, rhwng mis Ionawr ac Ebrill mae hyn, ac mae'n cael ei alw yn Saesneg yn *Hungry Gap*. Felly, yn hwyrach yn y flwyddyn, mi fydd yn rhaid meddwl ymlaen, a phlannu llysiau fydd yn eich cario chi drwy'r cyfnod yma. Mi fydda i'n dibynnu ar gennin, pannas, sbrowts, brocoli a cêl – ac mi fydda i hefyd yn gwneud yn siŵr 'mod i'n tyfu rhai pethau sy'n rhewi'n dda, fel bod cynnyrch cartref i'w gael yma drwy'r flwyddyn. Dilynwch y patrwm yma eleni ac mi fydd ganddoch chi lond eich plât fis Chwefror nesa!

Y bin compost

Ffrind penna'r garddwr ydi'r bin compost ac mae 'na rwbath yn reit hudolus am greu pridd allan o wastraff. Dwi'n lwcus bod gen i ddigon o le ar gyfer tri bae, neu focs mawr, wedi eu gwneud allan o hen balets.

Os oes ganddoch chi ddigon o le, dwi'n credu bod angen o leia dau fin compost er mwyn cynhyrchu'r stwff gorau, ac er mwyn i chi fedru ei ddefnyddio heb ormod o drafferth.

Mae creu compost yr un fath i bawb, dim ots pa mor fach neu fawr ydi'ch patsh neu'ch twmpath chi, ac mi fedrwch ddewis bin compost o'r maint iawn ar gyfer eich gardd. Mae rhai cynghorau yn darparu biniau compost plastig am ddim i'r rhai hynny sy'n gwneud cais am un, felly mae'n werth holi.

Mae'r rhan fwya o'r biniau compost y gallwch chi eu prynu yn rhai heb waelod, ac mae'n rhaid eu gosod nhw ar bridd er mwyn i'r pryfed genwair, y pryfed bach a'r bacteria da allu gwneud eu gwaith. Mae'n syniad da rhoi eich bin compost mewn man heulog hefyd, gan y bydd hyn yn help i gyflymu'r broses.

Yn gynta, mi fydda i'n rhoi priciau neu frigau bach tenau ar waelod y bin, er mwyn i aer gael cylchdroi ynddo, yna ei lenwi efo cymysgedd o'r pethau yma –

- Glaswellt
- Gwastraff gwyrdd o'r gegin
- Papur wedi ei dorri'n fân (o'r *shredder*)
- Dail

Cadwch olwg ar y broses drwy roi fforch drwyddo rhyw unwaith yr wythnos. Mae gwneud compost 'run fath â gwneud teisen – tydach chi ddim isio iddo fo fod yn rhy wlyb nag yn rhy sych. Os ydi o'n rhy sych yna rhowch ychydig o ddŵr neu laswellt ynddo a'i gymysgu'n dda. Os ydach chi'n meddwl ei fod o'n rhy wlyb yna ychwanegwch bapur newydd, gwellt neu lwch lli, a'i gymysgu. Mi fydda i'n ychwanegu gwastraff ieir i'r twmpathau sydd gen i, ac mae hyn yn gallu cyflymu'r broses. Mae 'na un peth bach arall y gallwch ei wneud i gyflymu'r broses, yn enwedig chi'r dynion,

sef pi-pi yn y bin compost. Mae o'n llawn maeth a neitrogen!

Pan fydd eich bin yn llawn, gallwch drosglwyddo'r compost i fin arall i ddarfod pydru'n iawn. Cofiwch droi'r compost yma'n wythnosol hefyd, ond does dim angen ychwanegu dim byd arall iddo fo. Pan fydd y bin cynta'n llawn am yr ail waith bydd bin rhif dau yn barod i'w ddefnyddio, a gallwch ei roi i lawr ar y pridd i ychwanegu maeth neu ei gymysgu efo bag compost o'r siop fel y bydda i'n ei wneud, er mwyn plannu ynddo fo.

Jobsys bach eraill mis Chwefror

Plannu Coed.

Os bydd gen i funud i sbario, ac os ydi'r tywydd yn caniatáu, mi fydda i'n trio gwneud ambell beth i wella golwg y lle 'ma. Mae Jen a finnau wrth ein boddau yn plannu coed, a chredwch chi fi, maen nhw'n bethau prin iawn yn Rhosgadfan. Mae plannu coed yn bwysig iawn i ni – maen nhw'n rhoi lloches rhag y tywydd garw, yn creu ardal berffaith i hybu byd natur, mae'r dail yn helpu i wella'r pridd, ac ymhen blynyddoedd gallwn ddefnyddio'r coed fel tanwydd.

Mi fydd ffrindiau a theulu yn dod â choed bach ifanc draw, ac mi fyddwn ni'n prynu rhai eraill dros y we (mae e-bay yn safle da ar gyfer bob math o bethau). Coed gwraidd moel (*bare rooted stock*) fyddwn ni'n eu prynu, sef coed ifanc sydd wedi mynd

Misoedd y gaeaf ydi'r amser gorau i blannu coed – unrhyw adeg rhwng Tachwedd a Chwefror mewn gwirionedd.

i gysgu, fel petai (*dormant*), coed nad ydyn nhw angen bod mewn potiau. Y cwbwl sy'n rhaid ei wneud ydi torri hollt yn y pridd efo rhaw, gwthio'r gwreiddiau i mewn a sodro'r goeden fach yn dda yn ei lle.

Plannu Coed Ffrwythau

Fel pob coeden arall, os ydach chi'n prynu coed ffrwythau ag iddyn nhw wreiddiau moel, mae'n syniad eu plannu nhw cyn diwedd Chwefror er mwyn iddynt gael y cyfle gorau bosib, ond os ydach chi'n prynu coed mewn potiau, gallwch blannu rheini rownd y flwyddyn.

Os yn bosib, mae'n well bob amser plannu coed ffrwythau mewn mannau cysgodol rhag y gwynt, ond efo digon o haul. Yn nhopiau Rhosgadfan 'ma, mae ganddon ni ddigon o haul ond dim llawer o gysgod, felly mi fydda i'n trio dewis man sydd yn agos i wal neu goed eraill fydd yn eu cysgodi. Cyn belled â'ch bod yn rhoi postyn cryf i ddal y goeden ifanc yna mi fydd yn reit saff.

Wedi i chi benderfynu ar leoliad y goeden bydd angen i chi balu twll sydd ddwywaith maint y pot a chwalu chydig o wrtaith ar waelod y twll cyn rhoi'r goeden ynddo fo. Wedi ei phlannu, gan y bydd hi braidd yn simsan i gychwyn, bydd angen postyn i'w chynnal. Rhowch hwn ar ongl i'r goeden, a'i glymu i'r bonyn yn eitha isel i lawr. Mi fydd hyn yn hybu'r goeden i dyfu'n gryf wrth i'r gwynt ei siglo.

Bydd angen dyfrio'r goeden yn aml yn ystod y mis neu ddau cyntaf, nes y bydd hi wedi cael gafael. Cofiwch, os oes ganddoch chi ddefaid, neu broblem hefo cwningod, bydd yn rhaid amddiffyn y goeden rhagddyn nhw. Dwi'n defnyddio darn o weiren cwt ieir a phedwar postyn o gwmpas y bonyn. Mae'n ddull eitha syml ond effeithiol iawn.

Ian Sturrock

Cofiwch brynu coed cynhenid oherwydd mae'r rhain wedi eu tyfu i siwtio'u lleoliad a'u pwrpas. Mae Ian Sturrock yn ardal Bangor yn arbenigo mewn coed Cymreig o bob math, ac mae llawer iawn o ganolfannau garddio yn eu gwerthu nhw erbyn hyn.

Dod i Fangor fel myfyriwr wnes i yn 1966, i astudio Gwyddorau'r Môr yn y Brifysgol, a wnes i ddim gadael!

Roedd coed ffrwythau yng ngardd y tŷ cynta i mi ei brynu yn yr ardal, a dyna sut y dechreuodd fy niddordeb am wn i. Yn eironig, mi dreuliais i beth amser yn gweithio fel torrwr coed yng Nghanada, a dyma fi yn eu tyfu nhw erbyn hyn!

Ffrind a oedd yn gweithio fel adarwr ar Ynys Enlli ddaeth ag afal Enlli i mi yn yr wyth degau hwyr. Doedd gan neb syniad pa fath o afal oedd o, ac roedd y goeden yn un hen iawn, felly mi anfonais y ffrwyth at yr arbenigwyr, sef staff y Casgliad Ffrwythau Cenedlaethol yn Lloegr. Doedden nhw erioed wedi dod ar draws yr afal o'r blaen felly dyna ei enwi yn Afal Enlli.

Mi fydda i wrth fy modd yn mynd o gwmpas hen dai ac adfeilion i chwilio am hen goed ffrwythau sy'n dal i ffynnu – ond dwi erioed wedi dod o hyd i fath newydd o ffrwyth fy hun, coeliwch neu beidio! Pobol fydd yn dod â'r ffrwythau ata i gan amlaf, neu ddeud wrtha i am hen goed yn eu hardaloedd nhw.

Pan fyddaf yn dod ar draws hen goeden, mi fyddaf yn mynd drwy'r cyfeirlyfrau i drio gweld oes cofnod ohoni yno. Dydi'r wybodaeth am hen goed ffrwythau ddim

ar y we, felly mae honno'n gallu bod yn broses faith iawn! Os na fedra i ddod o hyd iddi yn y llyfrau, y cam nesaf ydi anfon tri ffrwyth a dail at y Casgliad Ffrwythau Cenedlaethol. Mi fyddan nhw wedyn yn deud wrtha i be ydi hi, neu'n datgan ei bod yn *unknown variety* – a dyna sy'n gyffrous. Mae posib wedyn ymchwilio'n lleol i ddarganfod oes enw arni ar lafar. Er enghraifft, mae'r afal Gwell na Mil hefyd yn cael ei adnabod yn Saesneg yn Sir Fynwy fel Seek No Further.

Mae'r rhan fwyaf o'r coed ffrwythau hynafol welwch chi mewn gerddi plastai ac ati wedi dod o Loegr yn wreiddiol – dyna oedd yn ffasiynol ar y pryd. Roedd y bobol fawr isio efelychu'r bonedd yn Lloegr ac yn cael eu coed gan yr un cwmni ag oedd yn gwerthu i'r teulu Brenhinol. Mi fues i'n gweithio am gyfnod yng ngerddi Castell Penrhyn, a dyna sydd yn fan'no. Mewn hen ffermdai mae'r coed cynhenid i'w cael fel arfer, tai'r bobol gyffredin.

Mae Eirin Dinbych yn un o'r coed ffrwythau mwyaf diweddar i mi ddod o hyd iddi. Mi brynodd doctor o Lanelwy ddwy goeden Afal Enlli gen i, ac mi ddwedodd o wrtha i mai ei dad o, oedd hefyd yn ddoctor, oedd yr arbenigwr ar y goeden Eirin Dinbych, ond nad oedd neb yn ymwybodol ohoni erbyn hyn. Mi ddois i o hyd i goeden, gyrru'r ffrwyth i'r arbenigwyr, a chael cadarnhad mai coeden Eirin Dinbych oedd hi. Ar hyn o bryd, mae Cymdeithas Eirin Dinbych yn gwneud cais i gael statws PGI i'r ffrwyth, fel sydd gan Halen Môn a chaws Stilton ac ati, ac mae Gŵyl Eirin yn cael ei chynnal yn Ninbych.

Dwi'n gwerthu 50 o wahanol fathau o goed afalau cynhenid Cymreig, yn ogystal ag Eirin Dinbych, Damson Abergwyngregyn, dwy goeden gellyg (gan gynnwys gellygen o Gastell Penrhyn) a choeden geirios o'r enw Cariad, a greais yn arbennig i berchennog Plas Tŷ Coch ger Caernarfon. Ond Afal Enlli sydd fwyaf poblogaidd – dwi'n gwerthu rhwng 500 a 600 ohonyn nhw bob blwyddyn. Fy nghoed i mae Rich Wyn wedi eu plannu ym mherllan Pant Du yn Nyffryn Nantlle gan eu bod yn gwneud nor dda yno.

Grafftio coed fydda i, sef uno darn o'r goeden dwi isio'i thyfu efo gwreiddgyll coeden arall.

Fel rheol, mae coeden afal yn cael ei grafftio ar wreiddgyll coeden afal arall, a'r eirin yn cael eu grafftio ar wreiddgyll math o ddamson er mwyn cyfyngu ar dyfiant y goeden. Dwi'n prynu'r gwreiddgyll, neu *rootstock*, gan

gwmni sy'n arbenigo yn y maes – mae hynny'n sicrhau nad oes pla arno. Mae'r gwreiddgyll hyd yn oed yn dod mewn meintiau gwahanol fel ei bod yn bosib pennu maint terfynol y goeden (deg troedfedd, pymtheg troedfedd ac yn y blaen). Dwi'n torri slits yn y ddau ddarn a'u gwthio at ei gilydd cyn eu rhwymo hefo tâp grafftio arbennig, drud iawn, o Japan.

Wrth gwrs, tydi pob grafft ddim yn llwyddiant, ond mae'n bosib ail-grafftio os ydi'r tro cyntaf yn fethiant. Fel rheol, dydw i ddim yn cael trafferth efo'r coed afalau, ond mae'r ceirios yn gallu bod yn fwy o broblem!

Tyfu ar raddfa fychan ydw i mewn gwirionedd, ond gan fod fy nghoed yn boblogaidd, mae canolfannau garddio lleol yn rhoi dipyn o le yn eu siopau i mi. Mae gen i gynnyrch unigryw – mae'r coed yn addas ar gyfer yr hinsawdd yma yng ngogledd Cymru, ac maen nhw'n wahanol i unrhyw beth arall ar y farchnad! Yn fy marn i mae isio gwneud yn fawr o gynnyrch ac adnoddau lleol, achos felly mae denu ymwelwyr i'r ardal a chreu gwaith i'r bobol leol.

Dwi'm yn meddwl bod gen i le i fwy o afalau, nac amser i fynd i chwilio am fathau newydd, ond fedra i ddim peidio bod yn chwilfrydig. Dwi'n ymwybodol bod afal o Benrhyn Gŵyr ac un o Ferthyr nad ydw i wedi dod ar eu traws nhw. Mae bricyllen yn Llanfairfechan hefyd, yn ôl y sôn, ac mi fyddai'n ddifyr ymchwilio i honno, a dwi wedi bod o fewn trwch blewyn sawl gwaith i ddod o hyd i gwsberis cynhenid sir Fflint. Dwi hefyd wedi bod ar drywydd tatws du a thatws coch Aberdaron ers ugain mlynedd heb lwc! Ond y broblem ydi ei bod yn job anodd ac araf, a does dim llawer o arbenigwyr ar ôl i gadarnhau unrhyw ddarganfyddiad.

Mae mwy o wybodaeth am y coed cynhenid a sut i edrych ar eu holau ar fy ngwefan:
www.iansturrockandsons.co.uk
Mae gwybodaeth bellach hefyd ar:
www.treefruitsocietyofwales.org.uk

Tyddyn Meicro

Yr adeg yma o'r flwyddyn does
dim llawer yn tyfu y tu allan, ond
yn y tŷ mae hi'n stori wahanol!
Gallwch dyfu planhigion ar y
silff ffenest drwy'r flwyddyn,
ac mi fyddan nhw'n hapus braf.

Y ffordd orau o edrych ar ôl planhigion
yn y tŷ ydi cadw ychydig o bysgod aur fel
anifeiliaid anwes. Ydi, mae hyn yn swnio'n
rhyfedd ond mi gewch weld pam rŵan. Alla
i ddim meddwl am ffordd well o ymlacio na
gwylio pysgod aur ac edrych ar y planhigion
ar y silff ffenest yn ffynnu. Tra byddwch
chi'n cael mwynhad o edrych ar ôl y pysgod,
mae eu gwastraff nhw yn edrych ar ôl eich
planhigion – partneriaeth berffaith.

Mae'n bwysig carthu cartref unrhyw
anifail anwes yn aml a chadw eu ham-
gylchedd yn lân, a tydi pysgod aur ddim
gwahanol i gadw cwningod neu hyd yn
oed ieir. Mae o fel tyddyn
meicro. Mi fedrwch chi dyfu
be liciwch chi ar eich silff
ffenest, ond fedrwch chi
ddim eu trin nhw fel
planhigion mewn gardd.
Allwch chi ddim rhoi tail
ac amgylchedd naturiol
i'ch planhigion tŷ, ond
mae carthion y pysgod
aur yn ail da.

Mae angen newid dŵr y
pysgod bob pythefnos i dair
wythnos i gadw'r dŵr yn glir
o amonia – gall amonia a
nitradau ladd pysgod felly
mae'n bwysig gwneud hyn.
Mae haenen denau o gerrig
mân yng ngwaelod y tanc a
phwmp gyda ffilter sbwng syml yn ddigon i
gadw'r lefelau yma i lawr, ond mae'n bwysig
bod yr haenen o gerrig yn un denau (dim
ond digon i orchuddio gwaelod y tanc).
Os oes gormod o gerrig mae'r gwaddod
o nitradau yn casglu yn y gwaelod a chaiff
o mo'i symud gan y pysgod na'r dŵr, felly
mae'n troi yn wenwynig a gall ladd y pysgod.
Yn y gwyllt mae llif yr afon, glaw, tonnau
ac ati yn symud y cerrig mân, felly tydi'r
nitradau ddim yn cael cyfle i gasglu mewn
un lle.

Pan fyddwch yn glanhau'r sbwng a'r
ffilter, rinsiwch nhw mewn bwced nes eu
bod nhw'n lân yna defnyddiwch y dŵr
hwnnw i fwydo'ch planhigion tŷ. Mae'r
hyn sydd yn y dŵr yma yn llawn maeth
i'ch planhigion er ei fod yn beryg i'r pysgod.

Cofiwch beidio â gwagio'r dŵr i gyd pan
ddaw hi'n amser i lanhau'r tanc. Gadewch
hanner y dŵr gwreiddiol ynddo fo – mae
dŵr tap yn unig yn rhy lân, ac yn cynnwys
arlliw o gemegau. Y bwriad ydi cadw'r dŵr
yn y tanc yn ffres, a rhoi help llaw i'r
pympiau sy'n glanhau'r dŵr bob dydd.

Chwefror ... yn y gegin

Os na fuoch chi'n ddigon hirben i rewi ffrwythau'r haf, digon llwm ydi'r gegin o hyd. Mae'r tywydd yn dal i fod yn rhewllyd, ac mae angen rwbath melys arnoch chi fel cysur. Does dim amser gwell felly i ddefnyddio'r ffrwythau sych sy'n weddill ar ôl gwneud y gacen a'r pwdin Dolig!

Pwdin bara menyn

Mae ffrind i mi yn yr Alban yn gwneud y pwdin yma, ond mi fydd o'n socian y ffrwythau mewn rym dros nos yn gynta! Syniad da, ond i oedolion yn unig dwi'n meddwl! Mae fy fersiwn i yn addas i'r teulu i gyd.

> 4 sleisen o fara gwyn
> Menyn
> 50g (2 owns) ffrwythau sych
> 25g (1 owns) o siwgwr mân
> 1 wy
> 250ml (hanner peint) o lefrith

Cynheswch y popty i nwy 4, 350°F / 180°C

Torrwch y crystiau oddi ar y bara a thaenu'r menyn arno. Irwch ddysgl a rhowch y crystiau yn y gwaelod.

Torrwch y sleisys bara yn 4 triongl. Trefnwch y bara a'r ffrwythau yn y ddysgl mewn haenau.

Mewn jwg, curwch yr wy efo'r llefrith a'i arllwys yn araf dros y bara a'r ffrwythau, i sicrhau bod yr hylif yn socian i mewn i'r bara. Gadewch y pwdin i fwydo am 10 munud.

Rhowch o yn y popty am 30 - 40 munud. Mi ddylai fod wedi setio ac wedi troi'n euraid erbyn hynny.

Bwytewch tra bydd o'n boeth.

Crempog

Does dim rhaid disgwyl tan ddydd Mawrth Ynyd yn ein tŷ ni er mwyn mwynhau un o hoff fwydydd melys y teulu. Yn aml iawn mi fydd Russ yn diflannu i'r gegin ac yn dod allan ymhen llai na hanner awr efo llond plât o grempogau poeth. Maen nhw mor syml â hynny!

> 100g (4 owns) o flawd plaen
> Pinsiad o halen
> 1 wy
> 250ml (hanner peint) o lefrith
> Saim ar gyfer ffrio

Hidlwch y blawd a'r halen i bowlen gymysgu.

Curwch yr wy a'r llefrith mewn jwg ac yn raddol ychwanegwch o i'r blawd. Cymysgwch yn dda wrth dywallt.

Wedi arllwys y cymysgedd llefrith ac wy i gyd i mewn i'r blawd, curwch yn dda nes bydd y cytew yn llyfn. Rhowch y cytew yn yr oergell am ychydig cyn ei ddefnyddio.

Rhowch fymryn o'r saim mewn padell ffrio drom. Wedi i'r saim boethi, arllwyswch y cytew i'r badell. Dewiswch chi sut i weini eich crempog – un fawr denau neu rhai bach tewach (mi fydd angen i'r cytew fod ychydig yn fwy trwchus os am rai bach tewion). Pan welwch chi swigod bach yn troi'n dyllau ar y top, mae'n amser troi'r grempog drosodd. Fel arfer mae 2 i 3 munud bob ochor yn ddigon.

Dwi'n hoff iawn o fenyn, siwgwr mân a sudd lemon ar fy nghrempog i. Ond cofiwch, gallwch ychwanegu pethau i'r cytew cyn ei goginio hefyd – cyraints, llus a hyd yn oed siocled.

Mis Mawrth

Mis Mawrth

Mae'r patsh wedi ei balu, mae'r tŷ gwydr a'r twnnel plastig yn sgleinio ac rydach chi wedi dechrau hau'ch hadau – felly rŵan mae'n amser mynd ati go iawn!

Mae'r dyddiau'n dechrau ymestyn a'r awr yn troi ddiwedd y mis yma felly torchwch eich llewys ac ewch i chwilio am y fflasg *Thermos* 'na yng nghefn y cwpwrdd.

Mis Mawrth

Hau a Phlannu

Gan ddefnyddio yn union yr un broses â'r mis diwetha, mae 'na fwy o hadau i'w hau a'u plannu'r mis yma yn y tŷ gwydr. Dewiswch lysiau megis:

- Ffa Ffrengig
- Ffa
- Corbwmpenni (*courgette*)
- Pwmpenni / Maros
- Chilli
- Tomatos (o had)
- Pys

Cofiwch hau'n olynol fel y gwnaethoch y mis diwetha er mwyn sicrhau cyflenwad da o gynnyrch.

Llysiau Gwraidd

Mi fydda i'n tueddu i roi hadau llysiau gwraidd fel pannas, betys, rwdins a moron i lawr yn syth yn y pridd, yn eu lleoliad terfynol. Mi allwch eu tyfu nhw o had yn y tŷ gwydr gynta, ond y lleia o ffidlan wnewch chi efo'r gwreiddyn bach, y gora'n y byd.

Garlleg

Mae garlleg yn un o'r planhigion hawsaf yn y byd i'w dyfu. Gallwch brynu bylb o'r ganolfan arddio neu o'r archfarchnad – does dim gwahaniaeth mawr rhyngddyn nhw! Ond pryd ydi'r amser gorau i blannu garlleg? Mae'r ddadl yma'n un boeth yn ein tŷ ni ers blynyddoedd!

Mi fydd Jen yn plannu ei garlleg hi yn syth yn y pridd ar ddiwrnod byrraf y flwyddyn (Rhagfyr 21) ac yn eu codi nhw ar y diwrnod hiraf (Mehefin 21). Y broblem hefo hyn ydi'r tywydd – mae cyflwr y pridd ar Ragfyr 21 yn gallu bod yn debycach i faes parcio na phatsh llysiau! Mae'r pridd wedi rhewi'n gorcyn a does dim modd plannu dim, felly mi fydd y garlleg yn cael ei blannu mewn potiau a'i roi yn y tŷ gwydr.

Mae'n well gen i ddisgwyl tan fis Mawrth cyn plannu garlleg. Mi fydda innau hefyd yn eu plannu nhw mewn potiau a'u rhoi yn y tŷ gwydr.

➤ Rhannwch y bylb yn ewinau unigol, ond dewiswch yr ewinau gorau i'w plannu. Mae rhai yn rhy fach, ac os ydyn nhw wedi mynd yn feddal yna taflwch nhw i'r bin.

➤ Defnyddiwch botiau 5 neu 6 modfedd a rhoi 3 ewin ym mhob potyn. Does dim angen eu plannu'n ddwfn – mae angen i'r pigyn bach ddangos uwchben y pridd neu gompost.

➤ Dyfriwch yn dda ac erbyn mis Ebrill neu Fai mi fydd y planhigion garlleg yn barod i fynd i'w safle parhaol yn yr ardd. Syml iawn.

Nionod

Y mis yma mi fydda i'n rhoi sets nionod gwyn a choch mewn potiau i gydio. Rhowch dri mewn pot 5 modfedd wedi ei lenwi efo compost, neu un i bob cell, fel yn y llun isod. Does dim isio'u rhoi nhw i mewn yn ddwfn, dim ond jyst dros eu hanner. Cofiwch ddyfrio, ac unwaith bydd y tyfiant dail gwyrdd tua 3 i 4 modfedd o hyd a'r gwreiddiau yn dangos drwy waelod y pot, gallwch eu plannu allan yn eu man terfynol.

Be ydi set nionyn?

Bylb bychan ydi set sy'n cael ei gynhyrchu wrth hau hadau nionod yn hwyr yn yr haf (tua mis Awst). Mae'r hadau hynny'n tyfu nes bydd bylb bach wedi ffurfio, yna maent yn cael eu codi a'u sychu yn union fel nionod mawr. Wedi eu sychu cedwir nhw ar dymheredd isel tan y gwanwyn, a dyna be ydach chi'n ei brynu o'r ganolfan arddio – babis nionod!

Felly does dim gwahaniaeth rhwng hadau a sets, dim ond bod set wedi cael ei godi cyn aeddfedu. Wrth blannu sets, cewch nionod yn gynt yn y flwyddyn oherwydd bod rhan o'r gwaith tyfu wedi ei wneud yn barod.

Tatws

Mae hi dipyn bach yn gynnar i blannu tatws (mi fydda i fel arfer yn disgwyl nes bydd y pridd wedi cynhesu cyn dechrau plannu) ond mae hi'n hen bryd i chi ddechrau ystyried pa fathau rydach chi am eu tyfu ac i ba bwrpas. Wedi i chi wneud eich dewis gallwch brynu'r tatws had ar gyfer mis Ebrill (peidiwch ag aros yn rhy hir cyn prynu eich tatws had – efallai na fydd rhai da ar ôl! Mae tyfu tatws yn boblogaidd iawn yn ddiweddar).

Mae tatws yn cael eu gwerthu yn ôl yr adeg y maen nhw'n cael eu codi:

- Cynnar Cyntaf (tatws newydd) - Mehefin / Gorffennaf
- Ail Gynnar (tatws newydd) - Awst i Fawrth*
- Prif Gnwd (*Main Crop*) – Medi i Mai.*

Mae'r tymor tyfu ar gyfer tatws newydd yn fyr, a tydi'r daten ddim yn cael cyfle i aeddfedu a datblygu croen caled. Dyma pam ei bod hi'n hawdd rhwbio'r croen i ffwrdd hefo'ch bysedd.

Bydd tatws y prif gnwd yn aros yn y pridd nes y byddan nhw wedi aeddfedu, ac mi gadwan nhw tan y flwyddyn ganlynol os cân nhw eu storio'n gywir.

Ella y bydd y tabl yma'n ganllaw i'ch helpu chi i ddewis y mathau gorau o datws ar gyfer eich teulu chi. Cofiwch drafod gyda'r cogydd…!

* yn dibynnu ar eich lleoliad, y math o daten a sut byddwch chi'n eu tyfu nhw (allan, twnnel plastig ac ati).

Enw	Crop	Defnydd	Sylwadau
Arran Pilot	Cynnar Cyntaf	Salad, Sglods, Popty	Taten wen, gwyraidd (*waxy*)
Cara	Prif Gnwd	Popeth!	Taten fawr wen gron, blas hufennog ar ôl ei choginio
Charlotte	Ail Gynnar	Salad, Stemio, Berwi	Taten lliw melyn ysgafn, cwyraidd
Desirée	Prif Gnwd	Popeth!	Croen coch, cnawd melyn, cwyraidd
Estima	Ail Gynnar	Popty, Sglods, Berwi	Taten lliw melyn ysgafn, cwyraidd
Golden Wonder	Prif Gnwd	Salad, Popty, Stwnsio	Croen brown, cnawd melyn, blawdiog ar ôl ei choginio
King Edward	Prif	Popeth	Taten fawr, patshys pinc ar y croen, blawdiog ar ôl ei choginio
Maris Piper	Prif	Popeth	Croen tenau gwyn, cnawd hufennog, blawdiog ar ôl ei choginio
Pentland Javelin	Cynnar Cyntaf	Salad, Berwi, Stemio	Croen gwyn llyfn, cnawd gwyn, cwyraidd
Pink Fir Apple	Prif	Salad, Berwi	Croen pinc, cnawd melyn-binc, blawdiog ar ôl ei choginio
Wilja	Ail Gynnar	Berwi, Popty, Sglods	Croen melyn bras, cnawd melyn ysgafn, taten gadarn ar ôl ei choginio

Caledu Planhigion

Mae planhigion sydd wedi cael eu tyfu dan do neu mewn tŷ gwydr angen amser i ddod i arfer efo tymheredd oerach, lleithder is a mwy o symudiad aer am gyfnod o ddwy neu dair wythnos cyn iddyn nhw gael eu plannu yn yr awyr agored. Mae'r broses hon yn cryfhau'r planhigyn, ac yn cael ei galw'n 'caledu'.

Pam caledu planhigion ifanc?

Mae caledu yn galluogi planhigion i addasu o fod mewn amgylchedd sefydlog, diogel, i amodau cyfnewidiol, llymach yn yr awyr agored. Os ydi planhigion yn cael eu rhoi allan yn rhy sydyn, gall y sioc amharu ar dyfiant planhigyn yn ddifrifol. Er bod planhigion yn dod atynt eu hunain ymhen amser, y farn gyffredinol ydi bod eu caledu yn well na rhoi sioc sydyn iddyn nhw.

Gall y broses galedu dewychu a newid strwythur dail y planhigyn, a chryfhau'r dail. Mae'n sicrhau bod y tyfiant newydd yn gadarn – er bydd y tyfiant yn llawer arafach y tu allan nag yn y tŷ gwydr.

Pryd i galedu?

Fel arfer mae'r broses o galedu yn cymryd 2-3 wythnos, ond y cynhesa'n y byd oedd yr amodau tyfu cychwynnol, yr hiraf y cyfnod caledu. Mae planhigion caled (*hardy*) yn cynefino'n gyflymach na mathau rhannol galed neu dyner. I fod yn saff, peidiwch â phlannu planhigion tyner allan cyn y rhew olaf, sydd fel arfer yn hwyr yn y gwanwyn.

Sut i galedu

Mae caledu yn broses o gamau graddol.

● Dylai planhigion sydd wedi eu meithrin mewn tai gwydr wedi'u gwresogi ac ar ffenestri fynd yn gynta i mewn i dŷ gwydr oer os oes modd. Mae'n well symud planhigion allan o ffrâm brifio (*propagator*) ar ddiwrnod cymylog gan y bydd hyn yn lleihau'r siawns y byddan nhw'n gwywo. Ar ôl pythefnos yn yr amodau oerach yma, dylai planhigion gael eu symud i ffrâm oer sydd wedi'i hawyru'n dda.

● Os nad oes ganddoch chi dŷ gwydr, symudwch y planhigion i ffrâm oer, gyda'r caead ar agor rhyw fymryn yn ystod y dydd yn ystod yr wythnos gyntaf ac ar gau yn ystod y nos. Wedyn, yn raddol, codwch y caead dros gyfnod o bythefnos nes y byddwch wedi cael gwared arno'n gyfan gwbl, cyn eu plannu. Gallwch ddefnyddio cloch wydr (*cloche*), ond fydd hynny ddim yn amddiffyn eich planhigion rhag rhew cystal â ffrâm oer.

● Petai'r cyfleusterau arbenigol uchod ddim ar gael, rhowch y planhigion mewn safle cysgodol o flaen wal neu wrych sy'n wynebu'r de, a'u gorchuddio â dwy haenen o orchudd cynnes (*garden fleece*) i atal llosg haul a sioc tymheredd. Yn ystod yr wythnos gyntaf, gadewch y planhigion allan yn ystod y dydd, a'u symud yn ôl i mewn dros nos. Yn ystod yr ail wythnos, tynnwch un haen o'r gorchudd cynnes. Tuag at ddiwedd yr ail wythnos gallwch fentro cael gwared â'r gorchudd yn ystod y dydd. Os ydi'r tywydd yn addas gadewch y planhigion allan dros nos, gan sicrhau eu bod wedi eu gorchuddio. Tua diwedd y drydedd wythnos gadewch nhw heb orchudd cyn eu plannu allan.

● Petai rhagolygon am rew dros nos yn hwyr yn y gwanwyn, wedi i chi galedu'ch planhigion, gallwch eu gorchuddio efo hen lenni neu orchudd cynnes cyn mynd i'ch gwely jyst rhag ofn.

jobsys bach

Jobsys bach eraill mis Mawrth

Codi Wal

Mi fydda i'n hoff iawn o godi waliau cerrig yn hytrach na defnyddio ffensys, pan fedra i, er mwyn cadw fy stoc rhag dianc a chadw defaid mynydd o'r patsh (maen nhw'n gallu bod yn niwsans, yn bwyta llysiau a choed ifanc). Mae waliau cerrig yn bwysig i fyd natur hefyd – yn gartref clyd i amrywiaeth eang o anifeiliaid bach ac mae llawer iawn o wahanol fwsog yn tyfu arnyn nhw. Bydd rhwydwaith o waliau cerrig yn darparu math o goridor ar gyfer creaduriaid o bob lliw a llun, yn uno ardaloedd â'i gilydd gan greu ffordd saff i lygod bach ac ati symud o un lle i llall.

Mae adeiladu wal gerrig draddodiadol yn grefft, un sydd yn hanesyddol wedi cael ei phasio i lawr o dad i fab mewn cymunedau gwledig. Mae'r dulliau yn gallu amrywio lot fawr o deulu i deulu ac o gymuned i gymuned, felly dwi'm am bechu neb wrth

drio egluro sut i fynd ati. Mae llyfrau ar gael ar y testun, mae gwybodaeth helaeth ar y we ac mae ambell goleg yn rhedeg cyrsiau hefyd. Ond un peth sy'n sicr – dwi'n meddwl ei bod yn bwysig iawn gwarchod yr hen grefftau gwledig yma, ac mae ganddon ni gyfrifoldeb os ydan ni'n byw yng nghefn gwlad i sicrhau nad ydyn nhw'n diflannu.

Does dim modd i bawb adeiladu wal gerrig yn ei ardd gefn, ond os fedrwch chi adael twmpath o gerrig mewn congl yn rhywle, fel math o *rockery* anffurfiol, gallwch chithau greu hafan ddiogel i lyffantod a draenogod fydd, fel ffordd o ddiolch, yn mynd ati i fwyta'r malwod a'r pryfed all niweidio'ch cnydau chi.

Magu cywion

Y gwanwyn ydi'r amser traddodiadol i fynd ati i fagu cywion. Os oes ganddoch chi ieir sy'n gori ar eu hwyau yn barod, gorau oll. Chewch chi ddim byd gwell na natur yn gwneud ei waith. Ond os ydach chi am fentro magu brîd newydd, yna defnyddio deorydd ydi'r ffordd orau o wneud hynny.

Mi fydda i'n cael cywion newydd drwy hel wyau yr ieir sydd gen i'n barod yn ogystal â phrynu wyau dros y we (os ydw i isio dechrau magu brîd dipyn bach yn wahanol, mae hyn yn ffordd gyfleus a rhesymol o wneud hynny).

Mae gen i ddeorydd sy'n dal 40 o wyau, ac mae o'n hawdd iawn i'w ddefnyddio. Mae 'na resel i ddal y wyau yn eu lle, gwresogydd gyda thermomedr, a chrud sy'n siglo o ochor i ochor yn araf iawn.

Mae'n rhaid gwneud yn siŵr fod y deorydd yn lân cyn cychwyn, a bod y gwresogydd wedi cyrraedd rhwng 37.4°C a 37.6°C cyn rhoi'r wyau i mewn ynddo.

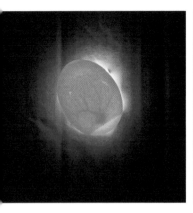   

Mae'n werth sgwennu gyda phensel ar yr wyau pa ieir wnaeth eu dodwy, dyddiad y dodwy a phryd maen nhw'n cael eu rhoi yn y deorydd. Rhowch nhw yn y rhesel mewn rhes heb lawer o le rhyngddyn nhw, i wneud yn siŵr eu bod nhw'n saff pan fyddan nhw'n cael eu siglo.

Wedi rhyw wythnos yn y deorydd gallwch ganhwyllo'r wyau (*candling*). Yn syml iawn, dal golau at yr wy ydi hyn, fel arfer mewn lle tywyll, er mwyn gweld be sydd y tu mewn iddo. Mae hyn yn rhoi rhyw syniad i chi sut mae pethau'n datblygu yn yr wy a chadarnhau ei fod o'n ffrwythlon. Mi allwch brynu lamp bwrpasol i ddal at yr wy, ac rydach chi'n gallu gweld yr embryo yn ffurfio. Yr hyn fydda i yn ei ddefnyddio ydi bocs cardbord bychan efo twll yn y ddau ben, a'i roi o ar ben lamp. Wrth edrych yn ofalus a symud yr wy o gwmpas yn araf bach, fe allwch weld gwythiennau a siâp yn dechrau ffurfio, fel yn y llun (uchod, chwith).

Mae hi'n cymryd rhyw 21 diwrnod i wyau ieir cyffredin ddeor, ychydig llai ar gyfer wyau bantams, ac ychydig yn hirach ar gyfer hwyaid.

Ar ôl pythefnos yn y deorydd mae'n werth canhwyllo'r wyau eto, a'r tro yma mi fyddwch chi'n gallu gweld yn bendant ydi'r wyau yn ffrwythlon ai peidio, a'r cywion yn dechrau tyfu.

Mi fydd angen edrych ar y deorydd yn amlach fel mae'r cyfnod yn dod i ben, a gobeithio, o gwmpas y drydedd wythnos mi fydd 'na arwyddion bod cywion bach yn trio torri allan o'r wy. Bydd y rhan fwyaf o gywion yn dod allan o'r wy heb drafferth yn y byd. Mae ganddyn nhw ddant wy, sef pigyn bach ar flaen eu pigau i'w helpu nhw i dorri allan o'r plisgyn caled. Wedi iddyn nhw ymddangos, peidiwch â chael eich temtio i'w tynnu allan o'r deorydd yn syth – maen nhw angen amser i ddod atynt eu hunain ac i fflwffio i fyny. Mae 'na ddigon o faeth yn eu boliau bach crwn nhw i'w cadw'n hapus am ryw 24 awr.

Wedi iddyn nhw gryfhau bydd yn rhaid eu symud nhw i rywle clyd, yn ddelfrydol gyda lamp goch i'w cadw nhw'n gynnes. Mae'r lamp goch dwi'n ei defnyddio yn un arbennig ar gyfer magu cywion, neu unrhyw anifail bach sydd angen gwres. Lamp *infra red* ydi hi, yn cynhyrchu gwres yn hytrach na golau – ond mae f'un i'n rhoi golau hefyd. Mi allwch chi brynu lampiau seramig, sydd ond yn rhoi gwres, o unrhyw siop amaethyddol neu dros y we.

Mi fydd y cywion angen bwyd arbennig (*chick crumbs*) a dŵr glân yn ddyddiol. Bydd yn rhaid eu harchwilio'n aml i wneud yn siŵr eu bod nhw'n ddigon cynnes (neu nad ydyn nhw'n rhy boeth – gwyliwch uchder y lamp) a gwneud yn siŵr fod pob un yn bwyta ac yn yfed yn iawn. Efallai y bydd angen mynd ag ambell un at y dŵr a'r bwyd i'w cael nhw i arfer, ond maen nhw'n dysgu'n sydyn iawn. Mae'r holl beth yn debyg iawn i edrych ar ôl babi!

Peidiwch ag anghofio am yr iâr sy'n gori chwaith. Mi fydd hithau angen dŵr a bwyd am y tair wythnos bwysig rheini, ac wedi i'w chywion hi ddeor, rhowch *chick crumbs* iddi hi hefyd. Mi edrychith yr iâr ar eu holau nhw a'u dysgu nhw be i'w wneud, felly does dim angen cymaint o fusnesu a phoeni ag y bysach chi'n ei wneud efo deorydd.

Pan fydd y cywion yn rhyw 8 i 10 wythnos oed mae'n amser newid eu bwyd nhw i *growers pellets* (mae rhai bridiau yn tyfu'n gyflymach felly efallai y bydd yn rhaid i chi roi'r *growers* iddyn nhw'n gynt). Mae'r *growers pellets* yn fwy na *chick crumbs*, felly mae'r cywion yn gallu bwyta mwy o fwyd hefo llai o ymdrech, felly mi fyddan nhw'n tyfu'n well.

Mae'n werth trio rhoi glaswellt i'r cywion fel maen nhw'n mynd yn hŷn.

Mi fydda i yn torri peth yn fân hefo siswrn a'i roi yn y cwt iddyn nhw. Y cynhara'n y byd y medrwch chi gyflwyno bwyd o'r tu allan (fel glaswellt) iddyn nhw, y cryfa fydd y cywion – ond mae hi'n bwysig iawn eich bod yn torri'r glaswellt yn fân iawn, rhag iddyn nhw fygu.

Mi fydd yn rhaid i'r cywion aros o dan y lamp nes bydd eu plu wedi tyfu i gyd – o gwmpas 8 i 10 wythnos (eto yn dibynnu ar y brîd). Ar ôl hynny, ar ddiwrnod braf, gallwch eu gadael allan am ychydig oriau bob dydd. Mae'n well gwneud hyn pan fyddwch chi o gwmpas i gychwyn, er mwyn cadw golwg ar bethau.

Perlysiau

Does dim byd tebyg i flas perlysiau yr ydach chi wedi eu tyfu eich hun! Maen nhw mor hawdd i'w tyfu – y tu allan neu ar silff ffenest. Mae cymaint o wahanol berlysiau i ddewis ohonyn nhw, a'r rheini'n aml yn barod i'w cynaeafu drwy gydol y flwyddyn, fel nad oes rhaid talu'n ddrud amdanyn nhw yn yr archfarchnad.

Mae 'na ddau fath gwahanol o berlysiau – rhai tyner fel basil, persli, coriander ac ati a rhai caled fel rhosmari, saets, lafant, teim, mint a dail llawryf (bay). Rhain ydi'r perlysiau rydan ni'n eu defnyddio fwya yn y gegin.

Mi allwch chi blannu perlysiau unrhyw adeg o'r flwyddyn, ond os ydach chi isio tyfu mathau tyner fel basil yna mae'n well eu tyfu nhw o had na phrynu planhigyn ifanc o'r ganolfan arddio. Yr un ydi'r broses i blannu'r hadau yma â hadau unrhyw lysieuyn arall (gweler mis Chwefror).

Gallwch dyfu perlysiau y tu allan mewn gardd berlysiau, gwely wedi ei godi, potiau, patsh lysiau neu hyd yn oed yn eich gardd flodau! Mae cymaint o wahanol liwiau i ddail a blodau'r amrywiol berlysiau fel y gallant fod yn addurniadol yn ogystal â bod yn ddefnyddiol yn y gegin. Ond wedi deud hynny, mae hi bob amser yn syniad da tyfu rhai perlysiau mewn potiau unigol gan fod anghenion y gwahanol blanhigion yn amrywio cryn dipyn. Er enghraifft, mae rhosmari angen pridd sydd yn draenio'n dda, ond mae mintys yn hoff iawn o ddŵr. Hefyd, mae mintys yn blanhigyn sy'n tyfu'n helaeth o dan y pridd – gall ei wreiddiau ymestyn yn bell iawn – felly mae'n well ei gyfyngu mewn pot er mwyn cadw trefn arno fo. Yr hyn sy'n grêt am dyfu perlysiau mewn potiau ydi y gallwch chi eu symud nhw o gwmpas y lle yn hawdd, ac mae hi'n neis cael potyn o rwbath sydd ag oglau da arno fo wrth ddrws y tŷ.

Be ydi planhigion unflwydd, eilflwydd a pharhaol?

Planhigion unflwydd (*annual*): yn rhoi had newydd i lawr bob blwyddyn.

Planhigion eilflwydd (*biennial*): yn hadu bob yn ail blwyddyn. Mae'r planhigyn yn ymddangos fel petai'n marw ar ddiwedd y flwyddyn gyntaf ond yn dod yn ôl erbyn yr ail.

Planhigion parhaol (*perennial*): yn byw am flynyddoedd.

Wrth greu gardd berlysiau, neu benderfynu pa berlysiau i'w tyfu, mae'n bwysig gwybod i ba grŵp mae eich perlysiau'n perthyn. Mae perlysiau unflwydd neu eilflwydd – fel basil, coriander, persli, dil a gorthyfail (*chervil*) – yn tyfu'n gyflym ac efallai y bydd angen eu hau yn achlysurol drwy gydol y gwanwyn a'r haf i sicrhau y bydd gennych gyflenwad ffres, parhaol. Mae perlysiau parhaol – oregano, mintys, teim, saets, cennin syfi (*chives*) a rhosmari – yn tyfu'n arafach felly bydd angen cartref mwy parhaol i'r rhain.

Dyma restr fer i'ch helpu – tydi'r enwau Cymraeg arnyn nhw'n dlws?

Perlysiau unflwydd ac eilflwydd	Perlysiau Parhaol
Basil (neu Frenhinllys)	Oregano
Coriander	Mintys
Persli	Teim (neu Gruwlys)
Dil (neu Lysiau'r Gwewyr)	Saets
Gorthyfail (Chervil)	Rhosmari
Camomeil	Cennin Syfi
Penrhudd yr Ardd (Marjoram)	Ffenigl (Fennel)
Tafod y Fuwch (Borage)	Balm Lemon
Lemonwellt (Lemongrass)	Rhuddygl Poeth (Horseradish)
Berwr (Rocket)	Marchbersli (Lovage)

Lle i'w tyfu

- Dylech dyfu perlysiau mewn llecyn heulog, cysgodol sydd â phridd wedi'i ddraenio'n dda. Os oes acw bridd cleiog, trwm, yna ychwanegwch ychydig o gerrig mân, compost neu ddail wedi pydru ato. Mae'n syniad da tyfu perlysiau mewn gwelyau wedi eu codi er mwyn sicrhau draeniad da.

- Pridd sydd â pH niwtral neu alcalinaidd sydd orau, er bod rhai o'r perlysiau'n hoffi pridd ychydig yn asidig. Os ydi'ch pridd yn asidig iawn yna ychwanegwch rywfaint o galch wrth baratoi'r safle plannu.

- Mae llawer o berlysiau fel rhosmari, saets, teim a lafant yn tyfu'n dda mewn gerddi sydd wrth y môr.

- Er bod yn well gan y rhan fwyaf o berlysiau lecyn heulog mae'r planhigion canlynol yn hapus mewn lle cysgodol gyda phridd llaith: y gorthyfail (*chervil*), persli, mintys, balm lemon a chennin syfi.

Hau'r hadau

Os ydach chi am dyfu perlysiau o hadau, yna gallwch hau perlysiau unflwydd neu eilflwydd caled (*hardy*) fel persli, coriander, dil a camomeil o fis Mawrth hyd at fis Awst.

Bydd yn rhaid hau bob 3-4 wythnos er mwyn sicrhau cyflenwad parhaol o ddail ffres. Gallwch hau pob un o'r perlysiau yma'n syth i'w safle terfynol yn yr awyr agored – mae hyn yn hynod o bwysig o safbwynt gorthyfail a dil gan eu bod yn blanhigion anodd i'w trawsblannu'n llwyddiannus.

Gallwch hau nifer o wahanol berlysiau o dan orchudd mewn cafn hadau (*seed tray*) a'u plannu allan yn ddiweddarach – ond cofiwch ddilyn y cyfarwyddiadau ar gefn y pacedi hadau bob tro. Planhigyn rhannol

galed ydi basil, er enghraifft, felly rhaid hau'r hadau yn y gwanwyn dan do mewn cynhesrwydd. Gallwch eu trawsblannu i botiau neu eu plannu allan pan fyddwch yn siŵr fod y rhew olaf wedi pasio. Peidiwch â digalonni os gawn ni haf oer a gwlyb – dewch â'ch basil i'r tŷ a'i roi ar silff ffenest yn y gegin. Bydd yn siŵr o dyfu'n dda 'run fath yn union.

Dylech hau hadau planhigion parhaol fel saets, rhosmari, cennin syfi a ffenigl yn y gwanwyn, o dan do mewn cynhesrwydd, a'u trawsblannu i botiau pan fyddan nhw'n ddigon mawr i'w trin. Mae'n well caledu planhigion fel hyn mewn ffrâm oer cyn eu plannu allan yn eu safle terfynol.

Mae tyfu perlysiau yn yr awyr agored mewn gardd berlysiau bwrpasol yn ei gwneud yn haws i'w cynaeafu, a bydd yn creu arogl anhygoel ar ddiwrnodau heulog, poeth! Gallwch wneud i'ch gardd berlysiau edrych yn atyniadol drwy gyfuno planhigion â dail prydferth, fel balm lemon, a blodau hardd fel lafant.

Mae tyfu perlysiau mewn potiau (neu unrhyw focs neu bwced sydd wrth law) yn ffordd dda o dyfu cynnyrch ffres os nad oes ganddoch chi lawer o le.

Gallwch eu gosod wrth eich drws cefn er mwyn medru cael gafael arnyn nhw'n hawdd wrth goginio! Dewiswch botiau eithaf dwfn, yn enwedig ar gyfer perlysiau sy'n tyfu'n llwyni mawr fel llawryf (*bay*) a rhosmari.

Gallwch ddefnyddio pridd o'r ardd wedi ei gymysgu ag ychydig o gerrig mân a chompost yn eich potiau. Bydd angen bwydo'r planhigion gyda gwrtaith hylifol drwy gydol y tymor tyfu, gan ddilyn y cyfarwyddiadau ar y botel – gall gormod

Tyfu Perlysiau yn y Tŷ

Mae tyfu perlysiau yn y tŷ yn gyfleus iawn ar gyfer cynaeafu, ac yn galluogi rhai heb erddi i dyfu eu cynnyrch eu hunain. Mae hefyd yn ymestyn tymor y perlysiau unflwydd fel bod modd defnyddio cynnyrch ffres drwy gydol y flwyddyn.

Perlysiau sydd yn addas i'w tyfu ar y silff ffenest: cennin syfi, persli, basil, coriander, penrhudd yr ardd (*marjoram*), dil a mintys.

Mae hau perlysiau'n hynod o syml:

- Rhoi compost mewn cafn hadau neu bot (y math arbennig ar gyfer hadau sydd orau) a'i ddyfrio.

- Hau hadau ar yr wyneb a rhoi ysgeintiad ysgafn o fermiciwlit (*vermiculite*, sef mwyn sy'n helpu hadau i egino) ar eu pennau.

- Rhowch fag plastig clir neu ddarn o wydr dros y cafn hadau a'i osod yn rhywle heulog a chynnes er mwyn i'r hadau egino. Ar ôl gweld yr egin gallwch dynnu'r bag plastig.

- Rhowch y perlysiau ar silff ffenest heulog, a phan fyddan nhw wedi tyfu gallwch eu trin fel cnydau torri-a-dod-eto, gan y bydd cynaeafu rheolaidd yn annog tyfiant newydd.

Mae perlysiau yn hawdd i'w cynnal a'u cadw, ond cofiwch y bydd unrhyw blanhigion sydd mewn potiau mawr angen mwy o ddyfrio a bwydo. Bydd tocio'r perlysiau yn y gwanwyn yn annog cnwd o ddail iach, newydd. Mae hefyd yn well torri pennau gwywedig eich perlysiau fel mae'r blodau'n dechrau marw er mwyn dargyfeirio'r egni yn ôl i'r dail. Gallwch docio llwyni perlysiau fel lafant a teim ar ôl iddynt flodeuo.

Yn yr hydref mae'n well gadael unrhyw ddail sydd wedi marw ar y planhigyn gan y byddan nhw'n helpu i'w warchod drwy gydol y gaeaf.

o fwydo beri i'r dail golli eu blas. Rhaid sicrhau bod tyllau ar gyfer draeniad yn eich pot / bocs, a dylech ei godi i fyny ar frics neu 'draed' arbennig sydd ar gael i botiau rhag i ddŵr gronni ynddo yn y gaeaf.

Gall rhai perlysiau fel mintys ymledu, felly mae'n syniad da tyfu'r rheini mewn hen bwcedi neu botiau plastig wedi eu claddu yn y ddaear i gyfyngu ar dwf eu gwreiddiau. Eto, rhaid sicrhau draeniad oherwydd gall dŵr sy'n cronni ladd y planhigyn.

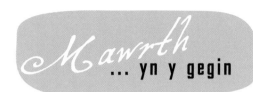

Mawrth ... yn y gegin

Mae'r Pasg yn agosau, ac er nad ydi'r deisen yma, sydd ag un ar ddeg o beli bach ar ei phen i ddynodi disgyblion Crist heblaw Jiwdas, mor boblogaidd ag yr oedd hi, mi fyddaf yn mwyhau ei pharatoi.

Teisen Simnel at y Pasg

500g (18 owns) o ffrwythau cymysg, sych
220g (8 owns) o flawd plaen
Llond llwy de o sinamon
Llond llwy de o nytmeg mâl
150g (5 owns) o farjarîn
150g (5 owns) o siwgwr demerara
3 wy
Jam bricyll (*apricot*)
400g (14 owns) marsipán (mewn bloc)

Irwch a leiniwch tun crwn dwfn, tua 7 modfedd.

Cynheswch y popty i marc nwy 3, 160°C / 325°F

Rhanwch y bloc marsipán yn dri darn, gan wneud un darn ychydig yn llai na'r ddau arall.

Cymysgwch y siwgwr a'r marjarîn nes byddant yn hufennog, ac ychwanegu'r wyau yn raddol. Yna ychwanegwch y ffrwythau sych, y blawd wedi'i hidlo a'r sbeisys a chymysgu'n dda.

Roliwch un o'r darnau mwyaf o farsipán yn gylch o'r un maint â gwaelod y tun.

Rhowch hanner cymysgedd y deisen yn y tun, yna rhowch y ddisgen o farsipán ar ei ben. Arllwyswch gweddill y cymysgedd ar ben y marsipán.

Rhowch yn y popty am 2 i 2½ awr. I weld os ydi hi'n barod, rhowch eich clust wrth y tun – os oes 'na sŵn hisian, rhowch hi'n ôl am funud neu ddau, nes bydd y sŵn wedi stopio. Tydi hi ddim yn bosib defnyddio sgiwar i weld ydi'r deisen yma'n barod oherwydd yr haenen o farsipán yn y canol. Gadewch i'r deisen oeri yn y tun.

Wedi iddi oeri, tynnwch hi o'r tun a rowliwch yr ail ddarn mawr o farsipán yn ddisgen i'w roi ar ei phen. Defnyddiwch y jam fel glud i gadw'r marsipán yn ei le. Rhannwch y darn olaf o farsipán yn 11 a'u rowlio nhw'n beli bach.

Cacennau Cri

Fasa Dydd Gŵyl Dewi ddim yr un fath heb un neu ddwy o'r rhain, yn gynnes oddi ar y gradell.

225g (8 owns) o flawd codi wedi ei hidlo
110g (4 owns) o fenyn hallt
1 wy
75g (3 owns) o siwgwr mân
Llond llaw o syltanas
Llefrith (os bydd angen)
Menyn ychwanegol i ffrio

Os nad oes ganddoch chi radell bwrpasol, gallwch ddefnyddio padell ffrio drom.

Rwbiwch y blawd a'r menyn i'w gilydd nes cewch chi friwsion mân.

Ychwanegwch y siwgwr, y syltanas a'r wy a chymysgu'r cwbwl efo'i gilydd i wneud pelen o does. Os ydi'r cymysgedd yn rhy sych, gallwch ychwanegu ychydig o lefrith.

Rholiwch y toes allan i drwch o tua ¼ modfedd, yna torrwch ohono gylchoedd 3 i 4 modfedd o led. Wedi torri hynny o

Vichyssoise

Mae cawl cennin yn un o'r bwydydd mae pawb yn ei fwyta yr adeg yma o'r flwyddyn, ond mi fydda i'n lecio gwneud petha ychydig bach yn wahanol a'i weini'n oer.

> 3 cenhinen wedi'u malu'n fân
> 1 nionyn wedi'i falu'n fân
> 75g (3 owns) o fenyn
> 175g (6 owns) o datws wedi
>   eu sleisio'n denau
> 550ml stoc cyw iâr
> 300ml hufen dwbl
> Halen a phupur (i siwtio'ch chwaeth chi)

Rhowch y cennin, y nionyn a'r menyn mewn sosban a choginio'r cwbwl nes bydd yn feddal, ond heb droi'n frown.

Ychwanegwch yr stoc a'r tatws, yr halen a'r pupur a dod â'r cwbwl i'r berw. Yna trowch y gwres i lawr a'i fudferwi'n ysgafn am hanner awr.

Rhowch y cyfan mewn prosesydd bwyd, neu defnyddiwch hylifydd llaw, nes y bydd yn llyfn.

Gadewch i'r cawl oeri cyn ychwanegu'r hufen, a'i gymysgu yn ofalus cyn ei weini. Sgeintiwch ychydig o gennin syfi wedi eu malu'n fân ar ei ben fel addurn os dymunwch.

gylchoedd ag y gallwch chi, tylinwch y toes yn ôl yn belen a'i rowlio allan eto, a thorri mwy o gylchoedd.

Rhwbiwch ychydig o fenyn dros y radell neu'r badell a'i rhoi ar y tân i boethi.

Coginiwch y cacennau cri fesul ychydig. Wedi iddyn nhw gael rhyw 2-3 munud bob ochor mi ddylen nhw fod yn euraidd.

Wedi iddyn nhw oeri digon, mi fydda i yn hoffi eu torri nhw yn eu hanner a rhoi llwyth o fenyn a jam yn y canol. Blasus iawn!

Mawrth ... yn y tŷ

Sbring Clîn

Does 'na ddim llawer o bobol yn gwneud sbring clîn go iawn y dyddiau yma am wn i. Mae angen amynedd i gychwyn ar y gwaith, ond dyma sut bydda i yn mynd ati!

- Twtio cypyrddau – drwy'r flwyddyn mae pob math o bethau'n cael eu stwffio i'r rhain. Tynnwch bob dim allan a didoli'r cwbwl i bedwar bocs gwahanol: pethau i'w hailgylchu, pethau i'w gwerthu, pethau i'w lluchio a'r pethau rydach chi wir angen eu cadw. Rhowch y pethau o'r pedwerydd bocs yn ôl yn y cwpwrdd yn drefnus.

- Tynnu'r cyrtens i lawr a'u golchi (neu mynd â nhw i'w glanhau'n broffesiynol os oes angen) a golchi'r tracs neu'r polion.

- Symud y dodrefn i ganol yr ystafell a glanhau'r llawr a'r waliau y tu ôl iddyn nhw.

- Dystio'r nenfwd. Pwy fysa'n meddwl bod angen!

- Troi'r cyflenwad trydan i ffwrdd a glanhau'r goleuadau, y shêds lamp ac yn enwedig y bylbiau. Mi ddychrynwch chi pan welwch faint o lwch all gasglu ar fylb!

- Glanhau tu ôl i'r rheiddiaduron.

- Golchi'r waliau (arbrofwch ar ddarn bach o wal sydd wedi ei pheintio i ddechrau i wneud yn siŵr fod y paent yn gallu cymryd ei olchi). Defnyddiwch ddŵr cynnes a sebon golchi llestri. Golchwch un wal ar y tro a pheidiwch ag anghofio'r sgyrtings. Tarwch ddystar ar waliau sydd wedi eu papuro.

- Shampŵ i'r carped. Mae'n werth llogi (neu benthyg) peiriant glanhau carped. Os na allwch wynebu gwneud y gwaith eich hun, rhowch alwad i gwmni proffesiynol.

- Glanhau llyfrau a'u cloriau. Tynnwch eich llyfrau oddi ar y silffoedd a rhowch bolish da iddyn nhw. Efo cadach sydd ychydig yn damp, sychwch feingefn a chlawr y llyfrau. Defnyddiwch ddystar sych ar ymyl y tudalennau, gyda'r llyfr ar gau. Rhowch funud bach i'r llyfrau sychu'n iawn cyn eu rhoi'n ôl.

- Ailbotiwch eich planhigion tŷ.

Mis Ebrill

Mis Ebrill

Mae'r awr wedi troi erbyn
hyn, a'r nosweithiau yn mynd
ychydig yn hirach. Mae hi'n
dechrau cynhesu hefyd, sy'n
gwneud treulio amser yn yr
awyr agored yn fwy pleserus
i mi ac i'r plant, sydd yn cael
blas ar helpu yn yr ardd
yn ystod gwyliau'r Pasg.
Ia, helpu – er nad ydi hi'n
ymddangos felly weithia!

Mis Ebrill

Tatws

Erbyn dechrau'r mis mi fydda i wedi dewis pa datws i'w tyfu, ac yn meddwl am baratoi'r tir. Mae nifer o wahanol ddulliau o dyfu tatws, ac mi fydda i'n defnyddio dau neu dri ohonyn nhw fy hun.

Agor cwysi

Os ydi'r safle'n cael ei ddefnyddio i dyfu tatws am y tro cynta mi fydd ganddoch chi ychydig bach o waith i'w wneud. Bydd yn rhaid palu'r pridd yn dda a thynnu cymaint o gerrig allan ag y medrwch chi. Mae'n werth ychwanegu tail wrth baratoi'r tir fel y caiff o amser i weithio'i ffordd i mewn i'r pridd.

Wedi paratoi'r safle ac wedi rhoi maeth i'r pridd mae'n rhaid mynd ati i agor cwysi i gymryd y daten had. Does dim rhaid i'r cwysi fod yn hynod o ddwfn – mae rhyw 10 modfedd yn ddigon oherwydd mi fyddwch yn codi pridd ar eu pennau eto. Mi allwch ychwanegu mwy o ddail i waelod y gwys, ond cofiwch dyllu'r gwys yn ddyfnach yn y lle cynta i wneud lle iddo.

Rhowch un daten yng ngwaelod y gwys, gan adael rhyw droedfedd a hanner rhwng pob taten. Wedi llenwi'r gwys tynnwch y pridd dros y tatws. Cofiwch farcio bob pen i'r rhes a chadwch gofnod o'r math o daten sydd yno a'r dyddiad plannu.

> Os ydi'r plant yn awyddus i helpu, gofynnwch iddyn nhw gasglu'r cerrig wrth i chi baratoi'r tir. Maen nhw wrth eu boddau'n cario llond pwcedi ohonyn nhw o un lle i'r llall, a gallwch eu defnyddio wedyn i greu draeniad mewn potiau.

Tyfu o dan blastig

Dydi hyn ddim yn hynod o eco-gyfeillgar, ond mae'r dull yma yn lleihau'r angen i chwynnu, mae'n cadw tymheredd y pridd yn gyson ac yn cadw'r gwlybaniaeth yn y pridd. Mae'n rhaid paratoi'r pridd yn yr un ffordd (palu, codi cerrig ac ychwanegu tail) ond does dim rhaid plannu'r daten mor ddwfn gyda'r dull yma. Mae 6 modfedd yn hen ddigon, felly does dim rhaid agor cwysi, dim ond palu twll gyda rhaw law. Wedi rhoi'r tatws i lawr, rhowch drochfa dda o ddŵr i'r safle yna gorchuddiwch y cwbwl gyda phlastig. Hen fagiau bwyd ieir wedi eu hollti i lawr y ddwy ochor hir fydda i yn eu defnyddio. Mi allwch hefyd brynu plastig o'r ganolfan arddio. Pwyswch y plastig i lawr gyda cherrig neu claddwch yr ochrau i mewn yn y pridd. Pan welwch y tyfiant ifanc yn dechrau gwthio'n erbyn y plastig mae'n amser i chi dorri croes yn y llefydd priodol er mwyn i'r tyfiant deiliog gael torri trwodd.

Tyfu mewn potiau neu fagiau

Mae nifer fawr iawn o wahanol botiau a bagiau pwrpasol ar gyfer tyfu tatws ond credwch fi, os oes ganddoch chi unrhyw beth wnaiff ddal pridd, fe allwch chi dyfu tatws ynddo! Hen bwced efo twll ynddi, sach tunnell wedi ei adael ar ôl gan adeiladwyr neu hyd yn oed welintons! Fe allwch chi brynu grôbag tomatos a'i dorri yn ei hanner, a dyna i chi ddau fag tyfu hefo compost da ynddo yn barod i gymryd taten neu ddwy!

Y cwbwl sy'n rhaid i chi ei wneud efo unrhyw bot neu fag ydi gwneud yn siŵr fod y pridd o safon da (ychwanegwch ychydig o gompost os leciwch chi). Llenwch y potyn at ei hanner ac yna rhowch y daten had i mewn. Gorchuddiwch efo ychydig o bridd yna'i ddyfrio'n dda. Cofiwch wneud ambell dwll yng ngwaelod y potyn fel nad ydi'r pridd yn aros yn rhy wlyb. Fel mae'r daten yn cydio ac yn gwreiddio, ychwanegwch fwy o bridd er mwyn cadw'r tatws bach yn dywyll. Daliwch i wneud hyn nes bydd y potyn yn llawn – fedrwch chi ddim ychwanegu mwy o bridd wedyn, felly y cwbwl sy'n rhaid i chi ei wneud ydi dyfrio a disgwyl.

Waeth pa ddull ddefnyddiwch chi, mi fyddwch chi'n gwybod bod y tatws yn barod pan fydd y planhigyn wedi blodeuo. Blodyn bach gwyn siâp seren gyda chanol melyn sydd ar blanhigion tatws, ac wedi i'r blodyn yma wywo, mi gewch godi eich tatws. Ond cofiwch, os ydach chi'n gweld y dail gwyrdd yn dechrau crino, troi'n felyn neu'n datblygu smotiau du neu oren cyn i'r blodyn ddod, mae hyn yn arwydd o glwy tatws. Mae'n well torri'r dail gwyrdd i ffwrdd rhag i'r clwy ledaenu i lawr i'r tatws. Os allwch chi (hynny ydi, os oes ganddoch chi ddigon o le i storio'r tatws) mae'n well byth codi'r cwbwl lot, rhag ofn iddyn nhw ddechrau pydru yn y pridd.

Does neb yn siŵr be sy'n achosi clwy tatws, a fydda i byth yn defnyddio cemegion ar y patsh. Ella y caiff eich tatws chi glwy un flwyddyn, ond y byddwch chi'n lwcus y flwyddyn wedyn i beidio'i gael o.

Mae 'na datws ar y farchnad sydd wedi eu datblygu i allu cwffio'n erbyn y clwy (*blight resistant*), felly os ydach chi'n poeni mi fysa'n well i chi ddewis y math yma o daten had. Yr unig broblem hefo hyn ydi bod eich dewis chi o fathau gwahanol yn llawer iawn llai. Mae'n werth trio bob dim unwaith 'tydi!

Tyfu Tomatos

Un o'r cnydau mwyaf gwerthfawr y gallwch ei dyfu yw'r tomato. Mae blas tomato ffres, cynnes, yn amheuthun, ac yn llawer gwell nag unrhywbeth y gallwch ei brynu yn yr archfarchnad.

Yn anffodus, tydi tomato ddim yn gnwd hawdd i'w dyfu ond mae'n werth y drafferth, hyd yn oed yn Nghymru efo'n hinsawdd oer a'n tywydd ansicr. Mae'r planhigyn tomato yn dod yn wreiddiol o Dde America, ac mae o angen gwell tywydd nag y gallwn ni ei gynnig. Os allwch chi ddarparu cysgod, megis tŷ gwydr, twnnel plastig neu dyfu yn y tŷ, cewch fantais o dymor hwy, rhywfaint o ddiogelwch rhag plâu a chlefydau a chnwd fydd yn aeddfedu'n well.

Mae'n bosib tyfu tomatos yn llwyddiannus yn yr awyr agored yn Nghymru, ond mae'r canlyniadau'n llai sicr. Mae tomatos angen tymheredd uwchben 10° C a llawer o olau i dyfu. Tydyn nhw ddim yn blanhigion caled o gwbl a gall hyd yn oed rhew ysgafn ladd y planhigyn a difetha'r ffrwyth.

Mae nifer fawr o fathau o domatos i ddewis ohonyn nhw. Mae rhai yn cynhyrchu ffrwythau cyson, yn debyg i'r rhai y gallwch eu prynu yn y siopau, ac eraill ychydig yn wahanol.

Mathau o Blanhigion Tomatos

● **Planhigion i'w clymu** (*cordon*)

Maer'r rhain yn tueddu i fod ymysg y mathau mwyaf poblogaidd i'w tyfu. Maent fel arfer yn cael eu clymu i ffon neu linyn ac mae'r blagur ochr yn cael eu tynnu i sicrhau bod egni'r planhigyn yn mynd i'r ffrwythau yn hytrach na'r dail. Pan fydd nifer o goesau ffrwythlon wedi datblygu, mae'r planhigyn yn cael ei docio i alluogi'r ffrwyth i aeddfedu cyn diwedd y tymor.

● **Llwyni**

Mae tomatos llwyn yn wahanol oherwydd nad oes angen tocio'r tyfiant ymylol – mae'r planhigyn ei hun yn gwybod pryd i stopio tyfu. Anfantais hyn ydi eu bod yn cymryd mwy o le, a tydyn nhw ddim mor addas ar gyfer eu tyfu mewn potiau. Yn gyffredinol, tydyn nhw ddim angen cynhaliaeth ffon neu linyn, ond mae'r ffrwythau yn aml iawn yn cyffwrdd â'r ddaear, sy'n golygu mwy o niwed gan wlithod a phlâu eraill.

● **Llwyni Bach neu Basgedi Crog**

Yn wahanol i'r mathau safonol o domato, mae'r rhain yn blanhigion llai sydd fel arfer yn cynhyrchu tomatos bach. Maen nhw wedi cael eu creu i'w tyfu mewn potiau bychan neu fasgedi crog. O 'mhrofiad i, mi allan nhw fod yn llwyddiannus iawn.

Mae amrywiaeth eang iawn, iawn o domatos ar gael – digon i lenwi llyfr! Da chi, peidiwch â thyfu'r hen ffefrynnau, Moneymaker a Shirley. Maen nhw wedi cael eu hamser, a does dim llawer o flas iddyn nhw. Yn hytrach, rhowch gynnig ar rai o'r tomatos isod, ac mi gewch wledd. Dyma i chi lond llaw o fy ffefrynnau:

Sungold

Mae hwn yn fath egnïol iawn o blanhigyn tomato sydd angen ei glymu. Hybrid F1 (sef planhigyn sydd wedi ei greu drwy groesi dau fath gwahanol o blanhigion) ydi o, ac mae'n ffefryn gen i. Mae'n un o'r cyntaf i gnydio ac oherwydd ei fod mor egnïol, dwi wedi cael llwyddiant efo fo o dan do a thu allan. Mae'r ffrwyth yn fychan ac yn oren neu felyn yn hytrach na choch, ond mae 'na ddigon ohonyn nhw. Maen nhw'n rhy felys ar gyfer coginio ond mae'n hyfryd ar ei ben ei hun neu mewn salad.

Gardener's Delight

Hen ffefryn traddodiadol sydd angen ei glymu, yn cnydio'n drwm ac yn perfformio'n dda. Mae'r croen yn denau ac mae ganddo

flas rhesymol – yn bendant yn domato o safon ac yn cael ei ddefnyddio yn aml iawn yn y gegin acw.

Ailsa Craig

Dwi wrth fy modd hefo'r math yma, sydd wedi bod o gwmpas ers 60 mlynedd, felly bron yn *Heirloom* (hen fath traddodiadol o blanhigyn). Mae'n cynhyrchu cnwd eitha da o ffrwythau coch o faint rhesymol sydd â blas tomato hen ffasiwn. Mae'n gallu dioddef o *greenback* (clefyd wedi ei achosi gan dymheredd rhy uchel neu ormod o haul) ond mae hynny'n bris gwerth ei dalu am y blas.

Alicante

Dwi'n meddwl fod blas Ailsa Craig ychydig bach yn well nag Alicante, ond fel arall maent yn debyg iawn. Mae Alicante yn ffrwytho'n gynt ac yn gallu gwrthsefyll *greenback*. Mae'n hawdd i'w dyfu felly gall fod yn addas ar gyfer rhywun sy'n tyfu tomatos am y tro cyntaf, boed dan wydr neu yn yr awyr agored.

Mae'r mathau canlynol yn gallu gwrthsefyll clefydau (*blight resistant*), ac yn werth rhoi cynnig arnyn nhw:

Ferline

Mae'r planhigion egnïol yma'n cynhyrchu cnydau trwm o ffrwythau coch dwfn o hyd at 5 owns yr un sydd â blas da iawn. Maen nhw'n gallu gwrthsefyll malltod (*blight*) sy'n broblem gyffredin iawn yn rhannau gwlypaf y wlad.

Lizzano

Yn gwrthsefyll pob malltod. Planhigyn sy'n tyfu'n llwyn ydi hwn, ac felly'n hawdd iawn i'w dyfu. Mae Lizzano'n hapus mewn llecyn heulog yn yr ardd neu mewn potyn mawr. Mae'r cnydau'n rhai mawr, efo ffrwythau eithriadol o felys sydd fel ceirios o ran eu maint a'u lliw coch dwfn.

Dyfrio tomatos

Dyfriwch yn araf ac yn ddwfn. Peidiwch byth â rhuthro dyfrio planhigion tomato. Defnyddiwch beipen dyfrio'n araf (*drip hose*) neu rywbeth tebyg er mwyn rhyddhau dŵr i'ch planhigion tomato yn araf.

Dyfriwch yn rheolaidd. Pa mor aml ddylech chi roi dŵr i'ch planhigion tomato? Does dim rheol bendant. Mae'n dibynnu ar ba mor boeth ydi hi a sut mae'r planhigyn yn tyfu. Rheol dda i'w dilyn ydi dyfrio unwaith bob 2 - 3 diwrnod yng nghanol yr haf. Unwaith y bydd y tywydd yn oeri a'r ffrwythau wedi gorffen datblygu, ewch yn ôl i ddyfrio unwaith yr wythnos.

Dŵr i'r gwreiddiau. Wrth ddyfrio tomatos, gwnewch yn siŵr eich bod yn rhoi'r dŵr yn syth i'r gwreiddiau. Peidiwch â dyfrio o uchter – gall hyn achosi clefydau a phlâu, yn ogystal â gwastraffu dŵr.

Tomwellt (*Mulch*) – Taenwch hwn o gwmpas gwaelod y planhigyn i gadw'r dŵr yn y pridd ac arafu'r broses anweddu.

Cyd-blannu (*Companion planting*): Plannwch flodau gold Ffrainc (*French marigolds*) wrth ymyl eich tomatos fel na fydd pryfed gwynion (*whitefly*) yn dod yn agos atynt. Bydd basil, cennin syfi a mintys yn cadw clêr gwyrdd (*aphids*) a phryfed eraill draw.

basil

Te Llysiau'r Cwlwm (*Comfrey*) i fwydo'r tomatos

Mae hwn yn rhoi maeth heb ei ail i domatos.

- Llenwch gasgen tua 100 litr sydd â chaead arni a thap yn y gwaelod (*water butt*) efo dŵr. Rhowch chwech neu saith cilogram o ddail llysiau'r cwlwm sydd wedi eu gadael i wywo am ddiwrnod ac wedi eu torri'n fras mewn sach ddefnydd (neu hen deits merched, neu hyd yn oed hen gobennydd). Clymwch geg y sach yn dynn.

- Gwthiwch y sach i mewn i'r dŵr a'i wasgu er mwyn cael yr aer allan ohono, yna rhowch y caead ar y gasgen gan ei adael am bythefnos mewn tywydd cynnes, a hyd at bedair wythnos mewn tywydd oer.

- Gair o rybudd – mae'r hylif yn drewi fel carthion amrwd wrth i ddail llysiau'r cwlwm bydru. Os byddwch yn tynnu'r caead, bydd wyneb y dwr yn llawn pryfed. Er ei bod yn gwneud synnwyr i roi'r gasgen ger y tŷ gwydr, mi fyswn i'n awgrymu eich bod chi'n cadw'r gasgen mor bell ag y gallwch oddi wrth y tŷ (a thai pobl eraill) oherwydd y drewdod.

- Ar ôl gadael y dail llysiau'r cwlwm i fwydo, gallwch lenwi'ch can dŵr o'r tap ar waelod y gasgen a'i ddefnyddio'n syth ar eich tomatos. Petaech chi wedi rhoi'r dail yn rhydd yn y gasgen, mi fysan nhw'n blocio'r tap, ac mi fysa'n rhaid i chi roi eich can dŵr i fewn yn y gasgen ddrewllyd.

Bylbiau

Drwy feddwl ymlaen a phlannu bylbiau yn eich gardd, gallwch fwynhau blodau godidog heb fawr o ymdrech! Yn gynta, meddyliwch pryd ydach chi isio lliw yn yr ardd – oes un tymor yn fwy llwm na'r lleill acw? Mae'n rhaid plannu bylbiau o leia dri mis cyn eu tymor blodeuo, felly gallwch blannu bylbiau blodau'r haf a'r hydref rŵan.

Dyma restr o'r blodau mwyaf cyffredin yn ôl eu tymor:

Gwanwyn
- Daffodil
- Lili'r Maes (*Lily of the Valley*)
- Hiasinth
- Clychau'r Gog
- Dail Pen Neidr (*Snake's Head Fritillary*)
- Tiwlip

Haf
- Lili Dwyreiniol (*Oriental Lily*)
- Aliwm (*Allium*)
- Blodau'r Cleddyf (*Gladioli*)
- Ffrisia
- Gellesg Farfog (*Bearded Iris*)
- Crocosmia
- Polianthws

Hydref / Gaeaf
- Saffrwn / Crocws
- Dahlia
- Nerina (*Nerine*)
- Llysiau'r Diddol (*Cyclamen*)
- Lili Wen Fach

Cyn plannu unrhyw fylbiau, llaciwch y pridd yn dda. Efallai y byddwch angen gweithio ychydig o gompost i mewn iddo. Yna gwnewch dwll ar gyfer y bylb, a'i roi i mewn gan wneud yn siŵr fod y pigyn yn

sticio i fyny. Gallwch wthio bylbiau bach i'r pridd heb wneud fawr o dwll.

Mae priddoedd tywodlyd yn draenio dŵr glaw yn weddol gyflym, a phriddoedd cleiog yn tueddu i gadw lleithder yn hirach. Oherwydd nad ydi bylbiau yn hoff o bridd gwlyb, ella y bydd yn rhaid i chi baratoi safle cleiog drwy ysgafnhau'r pridd – cymysgwch dywod neu gompost i mewn iddo neu roi ychydig o gerrig mân yn y tyllau plannu o dan y bylbiau.

Y rheol gyffredinol ar gyfer dyfnder plannu yw bod yn rhaid i'r twll fod ddwywaith mor ddwfn â hyd y bwlb. Ar gyfer bylbiau mawr fel narsisws, tiwlipau a hiasinths, bydd hyn yn tua 10-20 centimetr o ddyfnder. Twll o ryw 5-10 centimetr fydd ei angen ar gyfer bylbiau llai fel eirlysiau a crocws.

Mae angen mwy o le rhwng bylbiau mawr na bylbiau bach. Mae'n syniad plannu bylbiau mawr tua 12 centimetr a'r rhai bach rhyw 5-7 centimetr oddi wrth ei gilydd.

Cofiwch ddyfrio'r bylbiau yn syth ar ôl eu plannu. Mae hyn yn bwysig er mwyn annog y planhigyn i gynhyrchu gwreiddiau da. Os bydd gwreiddiau da yn datblygu'n gyflym, bydd gan y bylbiau well cyfle o allu ymdopi ag oerni a rhew.

Mae'n hawdd plannu bylbiau blodau mewn potiau neu gafnau. Dewiswch botyn sy'n ddigon mawr neu gafn gyda thyllau draenio ar y gwaelod, a rhowch ychydig o gerrig neu ddarnau o botiau wedi torri yng ngwaelod y potyn hefyd i wella'r draeniad. Yna rhowch ddigon o bridd yn y potyn i gyrraedd y dyfnder plannu cywir ar gyfer

y bylbiau. Trefnwch y bylbiau ar ben y pridd hwn cyn ychwanegu mwy o bridd potio nes bydd yn cyrraedd ychydig yn is nag ymyl y pot. Gallwch blannu bylbiau yn nes at ei gilydd mewn potiau a chafnau na phan fyddwch chi'n eu plannu yn yr ardd.

Gall bylbiau blodau mewn potiau ddioddef tymheredd oer y gaeaf, ond gwell peidio'u plannu'n rhy agos at ochr y pot oherwydd gall rhew eu niweidio. Os bydd rhagolygon am rew caled wedi i chi blannu eich bylbiau, gallwch lapio'r potiau gyda deunydd inswleiddio (mi wnaiff *bubble wrap* yn iawn os nad oes ganddoch chi orchudd cynnes pwrpasol).

Gall potiau pridd (*terracotta*) gracio yn ystod y gaeaf wrth i'r pridd y tu mewn iddyn nhw chwyddo yn ystod tywydd rhewllyd. Gallwch atal y broblem hon drwy blannu bylbiau blodau mewn pot plastig y gellir ei osod y tu mewn i'r pot pridd. Unwaith eto, gwnewch yn siŵr fod draeniad da ar gyfer unrhyw ddŵr dros ben. Yn ystod rhew caled, gallwch lenwi'r bwlch rhwng y ddau botyn gyda deunydd inswleiddio.

Gallwch blannu bylbiau blodau mewn haenau yn eich gardd yn ogystal â mewn potiau a chafnau. Plannwch fylbiau sy'n blodeuo ar ddiwedd y tymor – fel tiwlipau – yn yr haen isaf, a bylbiau sy'n blodeuo'n gynharach – fel crocws neu hiasinth bach (*grape hyacinths*) – uwch eu pennau. Byddant yn blodeuo un ar ôl y llall yn yr un lle. Felly, bydd yr un pot neu gafn yn llawn blodau am fisoedd.

Gallwch adael llawer o fylbiau yn y pridd ar ôl iddyn nhw flodeuo – dim ond gadael llonydd iddyn nhw sydd raid, a gadael i'r dail wywo'n ôl. Y flwyddyn ganlynol bydd yr un bylbiau'n cynhyrchu arddangosfa hardd arall, ond bydd yn rhaid i chi roi help llaw i'r bylbiau gydag ychydig o wrtaith pan fydd yr egin yn codi o'r pridd, ac wedyn yn syth ar ôl iddynt flodeuo.

Ebrill
... yn y gegin

Cranc

Mae'r tymor crancod yn dechrau y mis yma ac yn para hyd fis Tachwedd, felly mae gwledd o'ch blaen! Mi fydda i'n mwynhau mynd i granca (hynny ydi, hel crancod i'r rhai ohonoch chi sydd ddim yn dod o sir Fôn!). Fy atgof cynta o granca ydi gweld Dad a'i ffrindiau, Ken ac Idris Roberts, yn dod adra efo llond sach o grancod mawr tywyll. Roedd dŵr hallt yn berwi mewn hen wrn te a Shane y sbanial yn rhedeg o gwmpas fel rwbath ddim yn gall! Roedd y teulu i gyd yn mwynhau cranc ar blât, Taid yn enwedig.

Mi fydda i'n dal i fynd i granca hyd heddiw. Wna i ddim deud wrthach chi lle i fynd rhag ofn na fydd crancod ar ôl yno i mi, ond mi wna i fentro deud mai bae neu arfordir creigiog, lle hawdd i'w gyrraedd pan fydd y llanw yn isel, ydi'r lle delfrydol.

Rhwng Mai a Medi mae'r llanw yn isel (_spring tide_) a hwn ydi'r adeg gorau i hel crancod. Mae'n werth prynu _Tide Table_ am bunt neu ddwy er mwyn bod yn siŵr o'ch pethau.

Ewch i chwilota'n ofalus mewn pyllau, rhwng cerrig ac o dan y gwymon, gan gadw golwg ar y llanw drwy'r amser. Os ydach chi'n lwcus fe welwch chi'r cranc brown yn clwydo ymysg y cerrig. Gallwch ei godi drwy afael yn y gragen jyst uwchben y bodiau – fel hyn, fedrith o ddim cael gafael arnoch chi.

Mae angen defnyddio synnwyr cyffredin wrth granca. Peidiwch â chodi dim sy'n llai na 6 modfedd ar draws ei gefn, achos tydyn nhw ddim yn ddigon hen, a tydyn nhw ddim wedi cael cyfle i atgenhedlu. Maen rhaid i ni roi cyfle i'r crancod wneud hyn, neu fydd 'na ddim ar ôl erbyn i'n plant ni

dyfu'n ddigon hen i granca.

Mi allwch ddefnyddio bachyn i'w dal nhw. Mae'r un sydd gan Dad mor hen â fi! Darn o far dur tenau ydi o, efo tro bach siâp U ar ei ddiwedd o, a handlan bren. Mae hwn yn handi pan fyddwch chi'n methu cyraedd y cranc, neu angen ei annog o allan o dwll mewn craig!

Os dach chi'n hynod o lwcus, mi allwch chi ddod ar draws cimwch. Cofiwch eto, os ydi o'n un bach peidiwch â'i gyffwrdd, ac os oes wyau dan y gynffon yna rhowch hi'n ôl yn y dŵr er mwyn iddi gael gollwng ei wyau'n saff.

Wedi dal y cranc mae angen ei goginio. Mae dwy ffordd o wneud hyn:

- Rhoi'r crancod yn y rhewgell am awr neu ddwy. Pan fyddan nhw'n cysgu'n braf (_stasis_ ydi enw'r cyflwr) gallwch eu lluchio i sosban fawr o ddŵr hallt berwedig.

- Y ffordd arall yw eu lluchio i'r sosban yn fyw – mi fyddan nhw'n gwichian os wnewch chi hyn.

Mae angen eu berwi am rhyw 20 munud cyn gadael iddyn nhw oeri. Byddwch yn ofalus achos mi fydd y gragen yn boeth iawn.

Pigo'r Cig

- Trowch y cranc ar ei gefn a rhoi tro i'r bodiau i'w tynnu oddi wrth y corff.

- Mae llinell naturiol o gwmpas gwaelod y gragen – mae angen cracio hwn a thynnu'r rhan isaf i ffwrdd.

- Mi welwch yr ysgyfaint llwyd – mae rhai yn ei alw'n _dead man's fingers_. Mae angen tynnu hwn a'r stumog bach a'u taflu.

- Rŵan gallwch rannu'r cig brown oddi wrth y gwyn. Mi all pigo'r cig allan o'r cranc gymryd hyd at chwarter awr, ond mae'n werth yr ymdrech.

- Peidiwch â lluchio'r gragen wag! Gallwch ei defnyddio i weini'r cig, yn enwedig os oes ffrindiau'n dod draw am swper, ond gwnewch yn siŵr ei bod yn hollol lân cyn ei llenwi.

- Cymysgwch sudd lemon a briwsion bara efo'r cig brown a gosod hwn i lawr canol y gragen. Yna rhowch y cig gwyn i lawr yr ochrau. Addurnwch efo persli, ac ychwanegwch feionês neu saws tartare, a bara brown.

Cacennau Cranc

Mae'r rhain yn flasus iawn, yn enwedig efo chydig o saws chilli melys. Os nad oes ganddoch chi amser na hyder i ddal a pharatoi eich cranc eich hun, mae pob siop bysgod ac archfarchnad yn gwerthu'r cig erbyn hyn, ac mae'r ansawdd yn well nag y bu o.

> 250g (9 owns) cig cranc gwyn
> 1 llond llwy fwrdd o coriander ffres
>   wedi ei dorri'n fras
> 2 slotsyn (*spring onion*)
>   wedi ei dorri'n fân
> 2 wy
> 8 llond llwy fwrdd o friwsion bara
> 25ml o olew olewydd

Mewn powlen, cymysgwch y cig cranc, y coriander a'r nionod yn dda. Torrwch un or wyau i'r bowlen, a chymysgu'n dda eto cyn ychwanegu hanner y briwsion bara.

Rhannwch y cymysgedd yn 6 a'u siapio'n ddisgiau tewion. Rhowch nhw ar blât yn yr oergell am 20 munud.

Cynheswch y popty i 180°C / 365°F / nwy 4.

Curwch yr wy olaf efo ychydig o ddŵr mewn powlen.

Mewn powlen arall cymysgwch weddill y briwsion bara efo chydig o flawd. Mi fyddwch chi angen platiad bach arall o flawd hefyd.

Fesul un, rowliwch y cacennau cranc yn gyntaf yn y blawd, yn ail, eu trochi yn yr wy ac yn olaf, eu rowlio yn y briwsion.

Ffriwch nhw mewn padell gydag ychydig o olew am 2 funud bob ochor cyn eu rhoi yn y popty i orffen coginio am tua 5 i 10 munud, nes y byddan nhw'n berwedig drwyddynt.

Mae'r rhain yn berffaith gyda salad gwyrdd o'r ardd.

Mis Mai

Mis Mai

Mae'r tywydd yn gwella a'r gwenoliaid bach yn cyrraedd yn ôl o Affrica bell, ac os ydach chi'n lwcus iawn, mi allwch chi glywed y gog! Mae blodau'r gwanwyn yn ddigon o sioe – ond yn anffodus fydd ganddoch chi ddim llawer o amser i fwynhau hyn i gyd oherwydd mae gwaith yn galw!

Mis Mai

Chwynnu

Mae hon yn joban sydd, yn anffodus, angen ei gwneud yn aml iawn yn ystod y misoedd tyfu! Cadwch ar ben y chwyn bach 'na – os gewch chi wared â'r chwyn ifanc pan maen nhw'n ymddangos, mi fydd llai o waith fel mae'r tymor yn mynd yn ei flaen.

> Os ydi'r plant yn ddigon hen i fedru deud y gwahaniaeth rhwng y chwyn a'r llysiau, mae hon yn joban bach dda iddyn nhw!

Hau llysiau gwraidd

Os ydi'r pridd yn ddigon cynnes yna gallwch fynd ati i hau hadau moron a phannas yn syth yn y tir. Mi fydd angen gwneud yn siŵr fod y pridd yn barod felly fforchiwch y safle'n dda ac yn ddwfn gan gael gwared â chymaint o gerrig â phosib. Tasa moron neu bannas ifanc yn taro carreg fel maen nhw'n tyfu at i lawr, mi ân nhw'n ddi-siâp.

Mae'n bosib cael tâp hadau (*seed tape*) ar gyfer moron a phannas, sef tâp papur ag un hedyn wedi eu lynu arno bob 2 fodfedd. Y cwbwl sy'n rhaid ei wneud efo hwn ydi rhedeg rhes rhyw 2 fodfedd o ddyfnder, rhoi'r tâp yng ngwaelod y rhes, ei orchuddio gyda pridd, ei ddyfrio a disgwyl! Ond mae'r tapiau yma'n costio tua £3 am 6 troedfedd, felly chewch chi ddim cymaint o lysiau am eich arian. Tydi'r mathau mwy amrywiol ddim ar gael ar y dull tâp chwaith.

Mae'n well gen i ddefnyddio hadau moron. Fy ffefryn ar y funud yw'r math enfawr (*giant*).

🥕 Mi fydda i'n hau tipyn o foron enfawr yn y twnnel plastig: un rhes hir tua 6 modfedd o drwch efo dull o'r enw *broad casting*, sef sgeintio'r hadau dros y safle i gyd yn hytrach na'u rhoi i lawr fesul un mewn rhes.

🥕 Wedi sgeintio'r hadau mi fydda i'n eu gorchuddio nhw'n ysgafn efo pridd a'u dyfrio'n dda.

🥕 Mae angen gadael i'r moron dyfu nes bydd tyfiant gwyrdd cryf uwchben y pridd.

🥕 Pan fydd y tyfiant gwyrdd yn rhyw 6 modfedd o hyd mi fydda i'n eu teneuo, sef tynnu chwarter y moron allan i greu mwy o le i'r gweddill dyfu.

🥕 Pan fydd y tyfiant gwyrdd yn rhyw droedfedd o hyd mi fydda i'n tynnu

chwarter arall o'r moron allan, ond tro yma mi alla i eu defnyddio yn y gegin. Hyd yn oed pan mae'r math yma o foron yn ifanc maen nhw gymaint â moron arferol! Fel hyn, dwi'm yn gorfod hau moron enfawr yn olynol, dim ond defnyddio'r moron fel dwi eu hangen nhw.

Mi fydda i'n tyfu moron arferol a phannas ar y patsh gan ddefnyddio'r un dull o hau, ond rhaid teneuo'r rhain fel maen nhw'n tyfu. Mae problem efo teneuo moron a phannas – fel yr ydach chi'n cleisio'r tyfiant gwyrdd wrth godi'r llysiau mae arogl yn gael ei ollwng i'r awyr, arogl sy'n denu'r pry moron. Ond mae sôn nad ydi'r pry bach yma ond yn gallu hedfan rhyw droedfedd o uchder, ac am fy mod i wedi rhoi hen shîtiau sinc o gwmpas y patsh, allan nhw ddim dod i mewn! Wel, dwi erioed wedi cael trafferth efo nhw beth bynnag – ond eto, ella ei bod hi'n rhy wyntog iddyn nhw yn Rhosgadfan!

Llysiau gwraidd eraill y gallwch chi eu tyfu'n syth yn y ddaear y mis yma ydi:

- Betys
- Swêj / Swêds
- Maip

Mi allwch ddefnyddio'r dull gyferbyn i hau'r hadau rhain hefyd, ond mae'n bosib na fyddwch isio cymaint o'r math yma o lysiau. Os felly, heuwch yr hadau'n denau mewn rhes 2 fodfedd o ddyfnder, gorchuddiwch â phridd a dyfrio'n dda. Mi fydd angen teneuo ychydig ar y rhain, os ydach chi'n eu gweld nhw'n rhy agos at ei gilydd – ond os ydach chi'n teneuo, a'r llysiau yn dal yn fychan (yn llai na phelen ping pong) yna rhowch gynnig ar eu rhostio nhw'n gyfan. Maen nhw'n fendigedig! A chofiwch ddefnyddio dail y betys mewn salad (nid Jen ydi'r unig gogydd yn tŷ ni 'chi!).

Ffa Dringo

Mi allwch chi blannu eich hadau ffa dringo allan y mis yma hefyd. Wigwams fydda i'n eu defnyddio er mwyn cael strwythur uchel a chryf i'r planhigion gael gafael ynddo fo.

Y wigwam:

Rhowch 8 neu 10 darn hir o fambŵ yn y pridd mewn siap cylch a'u clymu efo'i gilydd yn y top. Plannwch un neu ddau o hadau (rhyw 2 fodfedd o ddyfnder) ar waelod bob coesyn bambŵ a'u ddyfrio'n dda. Hynod o syml, ac mae creu wigwams yn yr ardd yn rhoi tipyn bach o amrywiaeth gweledol drwy gyflwyno siapiau newydd.

Eto, mi fydd yn rhaid i chi gadw golwg ar y chwyn ac mae planhigion ffa (*legumes*) yn hoff iawn o ddŵr, felly gorchuddiwch y pridd o'u cwmpas efo tomwellt neu ddeunydd arall (*mulch*) i gadw'r gwlybaniaeth i mewn.

Cnydau'r Gaeaf

Os ydach chi awydd blodfresych neu frocoli piws (*purple sprouting broccoli*) at y gaeaf, rŵan ydi'r amser i'w hau nhw'n syth yn y pridd.

Mi fydd yn rhaid i chi baratoi'r pridd a phalu rhes tua 2 fodfedd o ddyfnder i dderbyn yr hadau. Rhowch un hedyn bob 10 modfedd, fel bod gan y llysiau ddigon o le i dyfu. Gorchuddiwch nhw efo pridd a'u dyfrio'n dda.

Sut mae'r compost yn dod yn ei flaen?

Ydach chi wedi bod yn llenwi'r bae cynta 'na efo stwff brown a gwyrdd, sych a gwlyb?

Ydach chi wedi ei droi o unwaith neu ddwy i ychwanegu aer i'r cymysgedd?

Da iawn chi. Daliwch ati, a'r amser yma y flwyddyn nesa mi fydd y llysiau yn diolch i chi!

Cennin

Mi ddyliai eich cennin chi fod bron yn barod i'w plannu allan. Os ydyn nhw tua maint pensel yna mae'n hen bryd eu rhoi nhw yn y pridd.

Mae 'na ffordd syml iawn o drawsblannu cennin:

- Ar ôl dewis eich safle tynnwch y cennin bach yn ofalus allan o'u potiau.

- Gwnewch dwll yn y pridd efo planbren (*dibber*) fydd yn ddigon dwfn i orchuddio coesyn gwyn y genhinen, ac yn ddigon llydan i ollwng y genhinen ifanc i mewn iddo (heb greu niwed i'r gwreiddiau).

- Gwnewch yn siŵr fod rhyw 6 i 10 modfedd rhwng bob planhigyn.

- Does dim rhaid rhoi pridd yn y twll, just tywallt dŵr i mewn. Mi fydd hyn yn llenwi'r twll efo pridd heb niweidio'r cennin. Clyfar 'de!

Cofiwch i ddal ati i blannu'r bresych, y blodfresych, y cêl a'r brocoli (rheini y gwnaethoch chi eu hau yn y tŷ gwydr) y tu allan. Mi ddylian nhw fod o faint da erbyn hyn, ac yn edrych yn gryf ac yn iach.

Mai ... yn y gegin

Pan fydd y tywydd yn dechrau cynhesu, fydda i ddim awydd bwyta bwyd poeth, trwm na threulio oriau yn chwysu dros y stôf. Prydau ysgafn fydda i'n hoffi eu paratoi, gan ddechrau gwneud yn fawr o gynnyrch cynta'r tymor.

Merllys (Asparagus)

Mae hi braidd yn gynnar ar gyfer y mwyafrif o gnydau'r ardd, ond mae merllys (*asparagus*) yn dechrau ar ei dymor byr. Mae blas merllys lleol gymaint yn well na'r stwff di-flas sy'n cael ei hedfan i'r archfarchnadoedd o'r Aifft drwy'r flwyddyn. Ydi, mae o'n ddrud iawn o'i gymharu, ond dyma ychydig o syniadau blasus.

- Y ffordd orau, ac un o'r symlaf, i fwynhau merllys ydi eu berwi'n ysgafn am ddau funud a'u dipio i felynwy wy wedi ei ferwi'n feddal.

- Gallwch eu berwi'n sydyn am funud cyn eu rhoi mewn dysgl, sgeintio chydig o olew olewydd a garlleg drostynt a'u rhoi dan y gril nes y byddan nhw'n dechrau rhostio.

- Lapiwch y coesau mewn ham Parma ar ôl eu stemio'n ysgafn. Gallwch eu gweini efo saws caws neu berlysiau ysgafn, neu hollandaise. Mae hwn yn gwrs cynta blasus a deniadol i'w weini i deulu a ffrindiau.

- Coginiwch y merllys yn ysgafn, ac wedi iddyn nhw oeri gallwch dorri'r coesau yn rhubanau efo pliciwr llysiau a'u gweini mewn salad.

Dyma rysáit bach diddorol a hynod o flasus os ydach chi am fentro rwbath dipyn yn wahanol!

Merllys mewn Briwsion

    450g (1lb) o ferllys ffres
    2 gwynwy wy
    1 a hanner llwy fwrdd o feionês
    Halen a pupur i flasu
    3 lond llaw o friwsion bara Panko
        (ar gael o archfarchnadoedd mawr,
        siopau bwyd Dwyreiniol neu ar y we)
    Llond llaw o gaws parmesan ffres
        wedi ei gratio
    1 llwy de o sesnin Eidalaidd
        (cymysgedd o wahanol berlysiau
        ac ati ydi hwn; chwiliwch amdano
        yn yr adran perlysiau sych)
    2 lwy fwrdd o olew olewydd (ella bydd
        angen mwy na hyn arnoch chi)
    Sudd lemwn

Cynheswch y popty i nwy 7, 220°C / 425°F, a rhowch resel weiren dros dun pobi fflat.

Mewn un bowlen chwisgiwch y gwynwy, y meionês, yr halen a'r pupur nes bydd popeth wedi ei gymysgu'n dda.

Mewn powlen fas arall, cymysgwch y briwsion Panko, y parmesan a'r sesnin.

Un ar y tro, rhowch y coesau merllys yn y cymysgedd wy, wedyn ei rowlio yn y cymysgedd briwsion, a'u rhoi ar y rhesel weiren. Sgeintiwch olew olewydd dros y cyfan.

Coginiwch yn y popty am rhyw chwarter awr, neu nes bydd y coesau wedi brownio ychydig.

Gwasgwch sudd lemwn dros y merllys cyn eu gweini.

Yn hytrach na thorri merllys efo cyllell, gafaelwch yn y goes, efo dwy law, un ym mhob pen. Plygwch y coesyn nes bydd yn torri yn ei hanner. Mae'r hanner isaf yn galetach, ac yn addas i'w ddefnyddio mewn stoc, cawl neu risotto, a'r hanner uchaf yn barod i'w goginio'n ysgafn.

Cawl Dail Poethion

Mae hwn chydig bach yn anarferol, ond yn hynod o flasus. Mae dail poethion yn llawn fitaminau, yn wrthlidiol (*anti-inflammatory*) ac yn dda i'r gwaed. Triwch y cawl yma os ydach chi'n teimlo'ch bod chi'n hel am annwyd.

Mantais arall y rysáit yma ydi y bydd ganddoch chi lawer llai o ddail poethion yn eich gardd!

> 2 nionyn
> Olew olewydd
> 2 daten wedi'u torri'n fân
> Llond dwy law fawr o
>   bennau dail poethion
> 500ml stoc llysiau
> Pupur a halen

Coginiwch y nionyn yn ysgafn yn yr olew nes bydd yn feddal. Ychwanegwch y tatws a'r dail poethion a choginiwch eto am rhyw funud bach.

Arllwyswch y stoc i'r sosban a dewch â'r cyfan i'r berw. Trowch y gwres i lawr a'i fudferwi nes bydd y tatws wedi coginio.

Tynnwch y sosban oddi ar y gwres a llyfnwch y cawl.

Ychwanegwch bupur a halen os dymunwch. Cynheswch y cawl unwaith eto cyn ei fwyta.

Mis Mehefin

Mis Mehefin

Tydi'r misoedd 'ma'n hedfan?

Ond does dim amser i hamddena

oherwydd mae gwaith yn galw!

Mi ddylech gael ychydig o hwb

y mis yma drwy ddechrau bwyta

ffrwyth eich llafur caled ... ond

peidiwch, da chi, â gorffwys

ar eich rhawiau!

Mis Mehefin

Tatws

Erbyn hyn, mi ddyliai bod dail eich tatws wedi dechrau tyfu trwy'r pridd. Os y bu i chi eu plannu mewn rhychau yna bydd angen tynnu'r pridd tuag at y dail, i wneud yn siŵr na fydd golau dydd yn cyrraedd y daten a'i throi'n wyrdd ac yn wenwynig.

Wnaethoch chi blannu eich tatws mewn bag, bocs neu rwbath tebyg? Mae'n syniad da rhoi ychydig o gompost drostyn nhw rŵan, os oes lle. Mi fydd hyn yn rhoi ychydig o faeth ychwanegol iddyn nhw hefyd.

Os ydi'ch tatws chi'n tyfu o dan blastig, mi ddyliech chi fod yn iawn. Handi 'di'r plastig! Dydi o ddim y peth dela'n y byd, nag yn eco-gyfeillgar, ond mae o'n arbed amser felly mi gewch chi fynd am hoe fach a phanad am bum munud!

Teulu'r Bresych

Mae'n amser plannu'r rhain (bresych, blodfresych, cêl, calabrese, brocoli, a.y.b.) allan ar ôl eu caledu (gweler mis Ebrill).

Wedi blynyddoedd o gwffio'n erbyn y Glöyn Mawr Gwyn (*Cabbage White*) mi fydda i'n plannu'r rhain dan orchudd cynnes. Mae hwn ar gael mewn unrhyw ganolfan arddio neu ar y we. Mantais y gorchudd yma ydi ei fod yn ddigon tenau i adael i olau naturiol gyrraedd y planhigion, ac mi allwch chi ddyfrio trwyddo – ond does gan y pilipala ddim gobaith o gyrraedd eich cnydau drwyddo.

Gorchudd Cynnes: Sut i'w ddefnyddio:
Palwch un ochor (yr ochor hir) i mewn i'r pridd wrth ymyl y cnwd, a thynnu'r gorchudd yn ofalus dros y planhigion bach. Yna, palwch yr ochor arall i mewn fel bod y defnydd dros y planhigion. Gwnewch

yn siŵr eich bod yn gadael y gorchudd yn ddigon llac er mwyn i'r planhigion gael digon o le i dyfu. Peidiwch ag anghofio palu'r ochrau byr i'r pridd bob pen.

Os ydach chi'n tyfu mewn patsh bychan, gallwch wneud ffrâm syml gyda ffyn bambŵ a thaenu'r gorchudd cynnes dros hwnnw.

Na, tydi'r gorchudd ddim y peth dela yn yr ardd, ond mae o'n lot delach na gweld lindys bach gwyrdd yn dinistrio dail eich bresych!

Mi fedrwch chi jecio ar gyflwr y planhigion drwy godi'r gorchudd ar ben y rhes. Pan fydd eich bresych yn barod gallwch eu cynaeafu o un pen i'r rhes, rowlio'r gorchudd i fyny rhyw ychydig, ac mae gweddill y cnwd yn dal yn saff.

Y Twnnel Plastig

Mantais fwya'r twnnel plastig ydi bod y tymor tyfu'n hirach. Gallwch blannu fis neu ddau ynghynt yn y gwanwyn a chynaeafu hyd at diwedd y flwyddyn.

Mae'r llysiau rois i i lawr ym mis Chwefror yn tyfu'n grêt erbyn hyn. Mae'r letis yn mynd o'u coea', mae'r moron enfawr wrth eu boddau (a ninnau wedi bod yn eu bwyta nhw fel maen nhw'n tyfu), a'r nionod gwyrdd yn ffynnu. Mae ciwcymbyrs bach yn dechrau dangos eu pennau, blodau ar y tomatos a chydig o ferllys yn dal i ddod.

Mae un sach o datws bron yn barod ac mae'r nionod mawr a'r garlleg yn ffynnu.

Oherwydd bod y tywydd yn gallu bod yn arw iawn i fyny yma yn Rhosgadfan, mae'r twnnel yn werth bob modfedd sgwâr, ac yn gynhyrchiol tu hwnt. Yr unig broblem ydi'r tymheredd. Mi all hi fod mor boeth â 40°C yno ganol dydd ar ddiwrnod poeth, a chredwch chi fi, dydi hi ddim yn brofiad braf chwynnu mewn tymheredd felly!

Fel mae'r moron yn cael eu codi a'u bwyta, mae lle yn cael ei greu i'r corbwmpenni (*courgettes*). Dwi wedi dechrau tyfu pwmpenni mewn bagiau mawr dwfn, ac mae'r rheini hefyd wedi dechrau crwydro fel *triffids* ar hyd y llawr.

Mae'r rhan fwya o'r llysiau dwi'n eu tyfu yn y twnnel yn rhai sy'n dal i ffrwytho (*cut and come again*) felly y mwya rydach chi'n eu torri neu eu casglu, bydd mwy yn tyfu yn eu lle. Dwi'n meddwl am y twnnel fel ecosystem fach, oherwydd ei fod yn darparu llysiau ar gyfer y cartref drwy'r flwyddyn. Ond gan fod cymaint o alw am y maeth sydd yn y pridd gan y llysiau prysur yma, dwi'n gorfod rhoi help llaw weithiau!

Gwrtaith Hylifol

Mi allwch fynd i'r ganolfan arddio i brynu poteli o wrtaith hylifol i'w fwydo i'ch llysiau, ond gall hyn fod yn ddrud os byddwch chi'n gorfod eu bwydo'n aml. Felly dwi'n troi at hen elyn i helpu, sef y dail poethion. Er 'mod i'n eu rhegi nhw weithiau am dyfu lle dwi'm isio iddyn nhw wneud, maen nhw'n ddefnyddiol iawn weithiau!

Mae gen i ardal bwrpasol erbyn hyn lle mae'r dail poethion yn cael llonydd. Mae byd natur wrth ei fodd efo dail poethion, ac mae pilipala fel y Fantell Goch (*Red Admiral*) a'r Glöyn Trilliw Bach (*Small Tortoiseshell*) yn dibynnu arnyn nhw i feithrin eu rhai bach. Felly os wela i chwiler wedi ei nyddu i mewn i'r dail, dwi'n gadael llonydd iddyn nhw.

Mi fydda i'n torri digon o ddail poethion i lenwi pwced ac yna llenwi'r bwced efo dŵr. Mae angen gadael i'r cawl yma sefyll am o leia mis mewn man cysgodol, yna gallwch ddefnyddio'r hylif fel gwrtaith. Rhad, syml, gwyrdd ac organig.

Gallwch wneud yr un peth efo dail llysiau'r cwlwm (gweler Ebrill) ond mae angen gwneud hwn yn wannach – 1 rhan o'r dail i 10 o ddŵr – oherwydd bod yr hylif yn llawn neitrogen. Gallwch hefyd roi dail llysiau'r cwlwm yn syth ar y domen – maen nhw'n pydru'n gyflym ac yn llawn neitrogen sy'n cyfoethogi'r compost.

Rheoli Plâu a chlefydau – y ffordd organig

Mae camsyniad bod garddio organig yn golygu llawer o waith corfforol caled, ac mae rhai'n meddwl mai dim ond ffeirio chwistrellau cemegol am rai organig sydd ei angen, ond mae mwy o lawer iddi na hynny. Dydi garddio organig ddim yn golygu llawer mwy o waith corfforol ond mae gofyn i chi ddefnyddio mwy ar eich ymennydd. Mae'r dywediad 'mae atal yn well na gwella' mor berthnasol i arddio'n organig ag y mae i iechyd pobl. Mae cynllunio, meddwl ymlaen llaw, arsylwi a gwyliadwriaeth yn sicrhau llwyddiant yn yr ardd organig.

Dyma rai o'r dulliau organig sylfaenol rydan ni'n eu defnyddio i reoli plâu a chlefydau yn yr ardd.

Pridd

Mae tyfiant iach yn dibynnu ar bridd iach, ac mae gofalu am y pridd yn hanfodol i arddio organig. Bydd gormod o wrtaith yn gwneud eich planhigion yn feddal ac yn llawn sudd – magwrfa fendigedig i bob pla! Byddwch chithau wedyn yn eich gwaith yn chwistrellu cemegion drostyn nhw. Bwydwch eich pridd efo deiet o gompost a deilbridd gardd (*leafmould*) yn hytrach na defnyddio'r gwrteithiau artiffisial bwydo'n gyflym sydd wedi eu cynllunio i fwydo'r planhigyn yn unig. Bydd bwydo'r pridd yn hytrach na'r planhigyn yn golygu tyfiant cryfach fydd yn gwrthsefyll plâu a chlefydau yn well. Mae ymchwil eisoes wedi profi fod hyn yn wir.

Er mwyn gwneud bywyd yn haws i chi'ch hun gallwch ddewis mathau o hadau a phlanhigion sydd wedi cael eu magu i allu gwrthsefyll pla a chlefyd.

Yn yr ardd lysiau mae un ffordd hanfodol o reoli pla a chlefyd, sef cylchdroi cnydau (gweler Ionawr). Ar wahân i fod yn un o'r ffyrdd gorau i hybu ffrwythlondeb pridd mae hefyd yn ffordd ardderchog o reoli tyfiant plâu a chlefydau.

Eu rhwystro yw'r ffordd orau o leihau difrod gan bla. Yn syml, trwy roi rhwyd fân o gwmpas eich llysiau byddwch yn atal pob pryfyn rhag ymosod arnyn nhw. Mae hyn yn gweithio'n dda yn erbyn y pry moron a gwyfynod pys (*pea bugs*). Fel yr ydw i wedi sôn yn barod, mae gorchudd yn amddiffyn teulu'r bresych rhag llu o greaduriaid, yn cynnwys adar, chwilod chwain, gwiddon neu wrachod dail, y Glöyn Mawr Gwyn a'r pry gwyn.

Rhwystrau rhag creaduriaid

- Bydd gosod coler o *underlay* carped o amgylch gwaelod planhigyn bresych ifanc yn atal y pry bresych (*cabbage root fly*) rhag dodwy ei wyau yno.

- Torrwch y gwaelodion oddi ar boteli pop plastig a thynnu'r caeadau. Rhowch y rhain wyneb i waered (fel *cloche*) dros blanhigion ifanc i'w harbed rhag cael eu bwyta gan wlithod neu unrhyw beth arall sy'n cymryd ffansi atynt.

- Mae caetsh bach wedi ei wneud o weiran cwt ieir bob amser yn ddefnyddiol. Gallwch ei osod dros bys sydd newydd eu hau i atal llygod rhag eu bwyta a chathod rhag eu crafu i fyny.

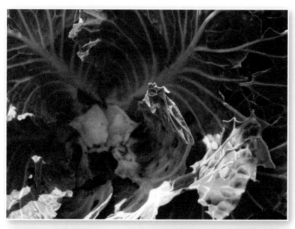

- Gall rhwydo fod yn ddefnyddiol iawn i atal difrod gan adar i ffrwythau a llysiau.

- Gwifren Hymian (*humming line*). Gwifren arbennig ydi hon sy'n cael ei thynnu'n dynn dros eich llysiau i atal ymosodiadau adar. Wrth i'r awel ei symud mae'n gwneud sŵn hymian sy'n dychryn adar i ffwrdd. Ar gael mewn canolfannau garddio ac ar y we.

- Fersiwn rhatach o'r wifren uchod ydi hongian hen ddisgiau CD a DVD uwchben eich cnydau. Mae hyn hefyd yn dychryn adar.

Rhwystrau rhag Gwlithod

- Gwlithod yw gelyn pennaf y rhan fwyaf o arddwyr. Dyma rai ffyrdd o roi stop arnyn nhw:

- Mae unrhyw beth miniog o'u cwmpas yn diogelu'ch planhigion tyner, gan na fedran nhw lithro drosto.

- Maen nhw'n deud fod bran (nid brân!) yn eu lladd (mae'r gwlithod yn ôl pob sôn yn sychu'n grimp ar ôl ei fwyta).

- Mae pob math o gynhyrchion ar gael ar gyfer rheoli gwlithod yn organig. Un o'r rheini ydi band o gopr sy'n rhoi sioc drydan iddyn nhw!

- Taenwch fasalîn o gwmpas rhimyn eich potiau ac all y gwlithod a'r malwod ddim dringo i mewn iddynt.

- Dwi wedi clywed am bobol sy'n claddu dysglau o gwrw i lefel y pridd. Mae'r gwlithod yn ei ogleuo ac yn boddi ynddo wrth drio'i yfed. Mae'n well gen i yfed y cwrw fy hun!

Wrth gwrs, does gen i ddim gwlithod na malwod acw. Mae'r ieir a'r hwyaid yn eu bwyta fel *wine gums*!

Trychfilod buddiol

Tydi pob pry a thrychfil ddim yn elyn i chi! Mae rhai pryfed yn werth y byd i gyd yn grwn – rhain sy'n rheoli plâu yn eich gerddi llysiau a blodau. Dwi wedi sôn o'r blaen fod plannu gold Ffrainc ymysg eich tomatos yn atal pryfed, ond maen nhw hefyd yn denu cyfoeth o bryfed buddiol fel buchod coch cwta a phryfed hofran a fydd yn hapus iawn i fwyta'r pryfetach drwg. Plannwch nhw, a blodau unflwydd (*annuals*) syml fel pabi Califfornia, ymhlith eich llysiau.

Bydd gwneud o leia un o'r pethau isod yn denu digon o fywyd gwyllt i'ch gardd i fwyta miloedd o blâu a'u wyau:

- Plannu ychydig o lwyni brodorol a phlanhigion llysieuol parhaol yn yr ardd
- creu pwll
- gadael pentwr bychan o foncyffion yng nghornel eich gardd
- bwydo'r adar drwy gydol y gaeaf

Yn bwysicaf oll...

Byddwch yn wyliadwrus ac archwiliwch eich planhigion yn aml fel na chaiff unrhyw bla na chlefyd gyfle i gael gafael ynddyn nhw. Hefyd, byddwch yn wyliadwrus o dderbyn planhigion nionyn a bresych gan gymydog cyfeillgar neu ffrind – efallai y byddant yn cario clefydau ofnadwy. Mewn rhai achosion, allwch chi byth gael gwared o'r clefydau yma felly mae'n well bod yn orofalus. Os oes ganddoch chi randir lle mae planhigion yn dioddef o naill ai pydredd nionyn (*onion white rot*) neu glwy'r gwraidd clap / clefyd pen pastwn (*clubroot*) yna peidiwch hyd yn oed â defnyddio'r un tŵls na gwisgo'r un esgidiau yn eich gardd eich hun, oherwydd mi fyddwch yn eu lledaenu.

Dail Salad

Mae amrywiaeth helaeth iawn o ddail salad y gallwch chi eu tyfu – dyma ychydig o'r rhai dwi'n eu hoffi:

- Cos
- Iceberg
- Letis crwn
- Little Gem
- Radicchio
- Lollo Rosso
- Oak Leaf
- Frisee Endive
- Escarole

Mae pob un yn wahanol o ran lliw, siâp y ddeilen a blas. Does dim yn rhoi hwb i'r iechyd ac yn ein hatgoffa fod y gwanwyn yma, a'r haf ar ei ffordd, na phlatiad o salad ffres o'r ardd. Mae hi'n bosib cael y teimlad yma drwy'r flwyddyn, gydag ychydig o gynllunio.

Gallwch dyfu dail salad am gyfnod hir drwy gynaeafu'r dail fesul ychydig bob hyn a hyn yn hytrach na chodi'r letisen o'r gwraidd. Fel hyn, mae'r dail llai yn dal i dyfu am ail a thrydydd cnwd. Os gwnewch chi hau hadau salad bob tair wythnos, bydd gennych gyflenwad cyson o salad drwy gydol y flwyddyn. Gallwch ddechrau hau yn y tŷ gwydr neu'r twnnel plastig ym mis Mawrth, ond o ddiwedd Mai ymlaen mi ddylech chi allu eu hau yn syth yn y pridd tu allan.

Gallwch dyfu dail salad mewn gardd lysiau, mewn potiau neu gafnau, mewn bagiau tyfu neu, os oes ganddoch chi le, gallwch hau dail salad o amgylch eich gwelyau blodau neu'ch borderi. Maent yn llenwi'r bylchau'n berffaith rhwng planhigion, llwyni a choed. Gan eu bod yn blanhigion isel sy'n tyfu'n gyflym maent yn gallu helpu i atal chwyn hefyd. Er bod planhigion salad yn mwynhau'r

haul, tydi bod mewn ychydig o gysgod ddim yn broblem i'r rhan fwyaf ohonyn nhw.

Os byddwch yn dewis tyfu mewn potiau a chafnau, gwnewch yn siŵr eu bod o leiaf 15 cm mewn diamedr ac yn draenio'n dda. Mae llond llaw o raean ar waelod y potyn yn gwneud y tro.

Bydd rhai mathau o ddail salad yn ffynnu dan do mewn man golau fel silff ffenest heulog neu ystafell wydr, felly ystyriwch hynny hefyd os nad oes llawer o le acw.

Hau'r hadau

- Mae'n well hau hadau dail salad yn syth i'w safle terfynol.

- Os ydach chi'n tyfu'n syth yn y pridd, rhaid paratoi'r tir drwy ei fforchio, cael gwared â'r chwyn, ychwanegu compost o ansawdd da ac yna'i gribinio.

- Gwnewch resi bas tua 2cm o ddyfnder a sgeintio hadau yn denau ar hyd eu gwaelodion.

- Gorchuddiwch yr hadau â chompost a dyfrio'n dda.

- Cofiwch edrych ar y paced i weld faint o le mae eich planhigion angen –mae pob un un wahanol.

I hau mewn potiau, dan do neu tu allan:

- Defnyddiwch gompost o ansawdd da a'i bwyso i lawr efo'ch llaw. Rydach chi angen gadael bwlch o tua modfedd rhwng y pridd a thop y cafn neu botyn.

- Gwasgarwch haen denau o hadau ar hyd wyneb y compost, neu hau mewn rhesi byr.

- I ddarfod rhowch haen ysgafn arall o gompost ar eu pennau a'u dyfrio'n dda.

Yn ychwanegol i'r dail salad arferol gallwch dyfu dail perlysiau fel rocket a mizuna, a defnyddio dail betys a dail pys ifanc mewn salad. Mae rhai blodau yn fwytadwy hefyd – mae blodau capan cornicyll (*nasturtium*) yn dlws i edrych arnyn nhw yn yr ardd ac yn rhoi lliw anhygoel i unrhyw salad.

Y tiwb tyfu plastig.

Dresin ar gyfer Salad

Er fy mod wrth fy modd efo salad gwyrdd ar ddiwrnod poeth, weithiau mae angen rwbath bach i ychwanegu at y blas. Gallwch fod yn greadigol iawn efo dresin – mae'r rhai isod yn hynod o syml i'w paratoi ac yn cadw am tua 5 diwrnod yn yr oergell.

Y ffordd orau o baratoi'r dresins isod ydi rhoi'r cynhwysion i gyd mewn jar wydr lân, cau'r caead yn dynn a'i ysgwyd yn dda.

> Dyma joban dda i'r plant. Mi allan nhw hefyd olchi'r dail salad – mae'n fwy o hwyl byth efo un o'r teclynnau arbennig rheini i droelli'r dŵr oddi ar y dail!

Dresin Mwstard

    6 llwy fwrdd o olew olewydd
    4 llwy fwrdd o fwstard cyflawn
       (*wholegrain*)
    1 llwy fwrdd o finegr gwin gwyn
    Pupur a halen

Dresin Stilton

    100g (3½ owns) o gaws Stilton
       wedi ei dorri'n fân.
    3 llwy fwrdd o olew olewydd
    2 lwy fwrdd o fêl clir
    2 lwy fwrdd o finegr gwin gwyn
    Pupur a halen

Dresin Lemon

    4 llwy fwrdd o olew olewydd
    1 lemon (sudd yn unig)
    Llond llaw o ddail basil ffres
       wedi eu torri'n fân.
    Pupur a halen

Dresin Dijon a Chennin Syfi

    10 llwy fwrdd o olew olewydd
    4 llwy fwrdd o finegr gwin gwyn
    2 lwy fwrdd o fwstard Dijon
    4 llwy fwrdd o gennin syfi (*chives*)
       wedi eu torri'n fân
    Pupur a halen

Dresin Soi a Garlleg

    1 clôf o garlleg wedi ei stwnsho
    2 lwy fwrdd o olew olewydd
    ½ peint o iogwrt plaen
    1 llwy fwrdd o saws soi ysgafn
    2 lwy fwrdd o olew sesame
    Pupur a halen

Meionês

Mi allwch chi wneyd meionês gyda phob math o wyau (iar, hwyaden neu ŵydd). Mae'r rysáit yma yn un hawdd iawn, a bydd yn cadw'n dda yn yr oergell am rhyw 5 diwrnod.

    2 melynwy
    1 wy cyfan
    1 llwy fwrdd o fwstard ffrengig
    sudd ½ lemwn
    ½ llwy de o siwgwr
    400ml o olew llysiau
    Pupur a halen

Rhowch bob cynhwysyn heblaw'r olew yn y prosesydd bwyd.

Rhowch y peiriant ymlaen a chymysgu am rhyw 15 eiliad, nes bydd popeth wedi ei gymysgu'n dda.

Yn araf bach, ychwanegwch yr olew, fesul tropyn os oes rhaid, nes bydd y meionês yn llyfn ac yn drwchus.

Rhowch o mewn jar, a'i gadw yn yr oergell.

Mi allwch chi ychwanegu gwahanol flasau i'r meio, er enghraifft garlleg, cennin syfi neu chilli. Mae meio pesto yn flasus iawn hefyd, os oes ganddoch chi ddigon o basil yn yr ardd.

Côlslo

Er mwyn gwneyd y mwyaf o'r meio, gallwch ei ddefnyddio i wneud côlslo. Sleisiwch fresych gwyn yn denau iawn, gratiwch foron ac ychwanegu'r meio. Blasus, iachus a syml. Mi fydda i'n hoffi rhoi rasins yn y côlslo, a bydd eraill yn ychwanegu nionyn wedi'i gratio.

Salad Tatws

Os oes ganddoch chi datws newydd yn sbâr ar ôl pryd teuluol, mae hwn yn sydyn iawn i'w wneud. Fel arall, bydd raid i chi ferwi'r tatws yn arbennig – mi fydda i yn cadw'r croen arnyn nhw. Byddwch yn ofalus nad ydach chi'n gor-ferwi'r tatws neu mi fyddan nhw'n slwj ar ôl i chi ychwanegu'r meio.

Tynnwch y tatws o'r dŵr a'u rhoi mewn dysgl i oeri. Ychwanegwch y meio, pupur a halen a chennin syfi wedi eu torri'n fân. Mae hwn yn ffefryn yn ein tŷ ni i fynd efo barbeciw.

Tatws Newydd wedi eu pobi mewn Papur

Mae'r tatws bach yma'n fendeigedig efo pysgodyn melys fel eog neu frithyll. Mae'n bwysig defnyddio papur pobi (*greasproof*) yn hytrach na ffoil, neu bydd y tatws yn stemio.

700g (1½ pwys) o datws newydd
1 llwy fwrdd o olew blodau'r haul
pupur a halen
Sbrigyn o rosmari o'r ardd
2 clôf o garlleg gyda'r croen
   yn dal arnynt

Cynheswch y popty i nwy 6, 200˚C / 400˚F

Rhowch y tatws ar ddarn mawr o bapur pobi a'u troi yn yr olew efo'r halen a'r pupur.

Ychwanegwch y rhosmari a'r garlleg, yna lapiwch y cwbwl yn dda yn y papur, i wneud yn siŵr nad ydi'r stêm yn dianc.

Pobwch am awr, neu nes bydd y tatws yn dyner.

Mêl Lafant

Lafant yw fy hoff flodyn i (ar ôl rhosod). Mae yna gymaint o bethau y medrwch chi eu gwneud efo lafant, yn y gegin ac o gwmpas y tŷ, ond hwn ydi fy ffefryn.

Mae'r mêl yma'n fendigedig ac yn blasu o'r haf. Tydan ni ddim yn cadw gwenyn felly dim ond hanner y gwaith dwi'n ei wneud, fel petai! Rydach chi angen potyn o fêl clir, hylifol (nid yr un caled) a phedwar neu bump o bennau lafant. Rhowch y pennau yn gyfan yn y mêl, cau'r caead yn dynn a'i adael ar silff ffenest heulog am tua pythefnos.

Dwi'n siŵr fod modd rhoi'r potyn yn y ty gwydr, ond tydw i ddim wedi trio hynny eto. Ar ddiwedd y pythefnos, tynnwch y lafant allan a bydd y mêl wedi cymryd blas y lafant ac yn barod i'w fwyta. Bendigedig.

Pethau eraill i'w gwneud efo lafant:

- Rhoi'r blodau mewn cwdyn bach neu droed hen bâr o deits a'i roi mewn drôr neu yn y wardrob.
- Rhoi ychydig o flodau sych mewn potyn o siwgwr i roi blas hyfryd arno. Mae bisgedi lafant yn hynod boblogaidd ar hyn o bryd.
- Te lafant (1½ llwy de o flodau sych i 8 owns hylifol o ddŵr). Mae hwn yn setlo'r nerfau.
- Ei roi yn y bath.

Cordial Mysgatél

Mi fyddai'n gwneud mysgatél ar ddechrau'r haf pan fydd y blodau ysgaw ar eu gorau. Diwrnod sych a chynnes ydi'r adeg delfrydol i gasglu'r blodau ac mi fydda i'n defnyddio gwsberis y flwyddyn cynt (rhai wedi eu cadw yn y rhewgell.) Yn bersonol, dwi'n teimlo bod y gwsberis yma'n gwneud gwell mysgatél oherwydd bod y broses o rewi a dadmer yn helpu'r cnawd i ryddhau'r sudd a'r blas yn well. Defnyddiwch fforc i dynnu'r blodau bach oddi ar y coesau tenau.

    1 cilogram o gwsberis (tua 2 bwys 4 owns)
    1 litr o ddŵr
    10 pen mawr o flodau ysgaw
    1 cilogram o siwgwr gwyn (tua 2 bwys
        4 owns)

Rhowch y gwsberis mewn sosban ac ychwanegwch y dŵr, yna rhowch y cyfan i ferwi.

Ychwanegwch y blodau a mudferwi'n ysgafn am bum munud. Mi ddylai fod ganddoch chi fath o gawl gwyrdd erbyn hyn.

Rhowch y sosban i un ochor i oeri, yna pasiwch y cymysgedd drwy ridyll wedi ei leinio â mwslin.

Tywalltwch yr hylif hwn yn ôl i'r sosban ac ychwanegwch y siwgwr.

Dewch â fo'n ôl i'r berw, gan gymysgu drwy'r amser, nes bydd y siwgwr wedi toddi i gyd.

Berwch yr hylif am bum munud arall, ond gwyliwch nad ydi'r syrap yn llosgi.

Arllwyswch y syrap i boteli a'i labelu.

Mi wnaiff y cordial yma gadw mewn jar neu botel heb ei hagor am tua 6 mis. Gallwch ddefnyddio bob math o ddiodydd efo'r cordial yma – dŵr soda, lemonêd neu hyd yn oed siampên!

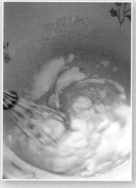

Teisen Corbwmpen
(Courgette)

Mae ochrau'r twnnel plastig yn chwyddo dan bwysau corbwmpenni ar hyn o bryd. Mi fydda i'n defnyddio'r rhain mewn stiw neu ratatouille fel arfer, ond dyma ffordd anarferol i wneud y mwya o'r llysieuyn diddorol yma.

150g (5 owns) siwgwr caster
3 wy
150ml olew olewydd
150g (5 owns) corbwmpen wedi'i gratio
300g (10 owns) blawd plaen
1 llwy de o bowdwr pobi
1 llwy de o beicarb
1 llwy de o sinamon mâl
Sudd a chroen un lemon

Cynheswch y popty i nwy 5, 190°C / 375°F

Rhowch y siwgwr, yr wyau a'r olew mewn powlen a'u chwisgio nes bydd yn ysgafn ac yn fflyffi.

Yn ofalus, plygwch weddill y cynhwysion i'r bowlen.

Arllwyswch y cymysgedd i mewn i dun teisen wedi ei iro a'i leinio, a phobwch am 45 munud.

Gallwch ddefnyddio'r cymysgedd i wneud teisenau bach hefyd, a'u haddurno efo eisin lemon.

Os ydach chi'n dechrau cael llond bol ar gorbwmpenni, be am eu sleisio'n denau, eu cymysgu efo dresin vinaigrette a'u gweini efo caws ffeta?

Mis Gorffennaf

Mis Gorffennaf

Erbyn hyn mae'r wawr yn ein
deffro cyn chwech, ac rydan
ni'n medru aros allan nes bydd
hi'n hwyr yn y nos ... dyddiau hir,
cynnes braf (croesi bysedd!)

Mis Gorffennaf

Mae 'na ddigon i'w wneud yn yr ardd lysiau o hyd, gyda phwyslais diddiwedd ar ddyfrio a chwynnu. Mae'r ddau beth yma'n mynd law yn llaw – tydach chi ddim isio i'r chwyn gael y dŵr sydd i fod i'r cnydau, nag oes?

Dal i blannu ...

Oes 'na fwy y gallwch chi ei hau neu ei blannu? Oes ganddoch chi le i fwy? Mae lle bob amser i fwy, ac fel y bydd un cnwd yn dod i ben, mae'r pridd yn cael ei ryddhau unwaith eto. Dyma restr fer o be allwch chi ei wneud mis yma:

Hau rhesaid arall o foron. Gyda moron, mae'n bwysig cofio nad ydach chi'n gorfod disgwyl iddyn nhw dyfu i fod yn 6 modfedd o hyd – gallwch eu codi'n gynnar er mwyn cael moron bach melys. Neu, fel yr ydach chi'n teneuo rhes, defnyddiwch y moron bach yma fel y maen nhw. Os allwch chi, codwch y moron yn hwyr gyda'r nos – all y pry bach (*carrot fly*), sydd wrth ei fodd gydag arogl moron yn cael eu codi, ddim gweld yn y tywyllwch. Fel arall, mi fyddan nhw yno fel chwinciad.

Os wnaethoch chi blannu hadau cennin yn hwyr, gallwch eu rhoi allan yn y pridd rŵan, yn barod at y gaeaf. Mae'r un peth yn wir am lysiau yn nheulu'r bresych hefyd.

Oes ganddoch chi grop reit dda o domatos yn dechrau cochi? Tynnwch y dail oddi ar ddwy droedfedd isaf y planhigyn a thorrwch y top hefyd. Mae'n rhaid cael rhai dail, wrth gwrs, ar gyfer ffotosynthesis, ond mae angen i'r egni a'r maeth fynd i'r ffrwyth rŵan, nid i'r tyfiant. Cariwch ymlaen i ddyfrio'n dda a bwydo'n wythnosol.

Nionod a garlleg: ydyn nhw'n barod? Pwy a ŵyr! Y ffordd orau o ddeud ydi gwylio'r dail. Pan fyddan nhw'n dechrau mynd yn felyn a gwywo mae hynny'n arwydd reit dda fod y bylb yn llawn maeth a bod gwaith y dail wedi darfod. Codwch nhw'n ofalus a'u sychu ar y pridd yn yr haul neu ar fainc yn y tŷ gwydr.

Mae nionod a garlleg yn cadw'n hir yn y tywyllwch, ond os oes ganddoch chi lwyth ohonyn nhw yna gwnewch fel y bydd Jen yn gwneud: eu rhoi drwy'r blendar i'w torri'n fân cyn eu rhewi mewn bagiau bach.

Blodyn tatws: arwydd arall gan blanhigyn fod y gwaith caled wedi ei wneud, a bod y tatws yn barod. Bydd angen cadw llygad ar y planhigion rhag ofn clwy – arwydd o hyn yw'r dail yn troi'n felyn neu'n frown, ac weithiau'n datblygu darnau du. Os welwch chi hyn yna mae'n rhaid torri'r dail i ffwrdd a'u llosgi, nid eu rhoi yn y compost. Wrth dynnu'r dail rydach chi'n lleihau'r siawns y bydd y clwy yn lledaenu i lawr i'r tatws. Codwch nhw'n ofalus iawn efo fforch a gwnewch yn siŵr eich bod chi'n codi pob un, neu bydd planhigyn newydd yn codi ei ben y flwyddyn nesa! Mae tatws hefyd yn cadw'n dda am hir, eto mewn lle tywyll, oer. Rydan ni'n eu rhoi nhw mewn sach yn y pantri ac maen nhw'n ein cadw ni i fynd dros y gaeaf.

Perlysiau: gallwch gasglu'r dail, eu sychu neu eu rhewi er mwyn eu defnyddio drwy'r flwyddyn.

Riwbob: Mi ddyliai bod hwn yn dal i dyfu felly cariwch ymlaen i'w gasglu tan ddiwedd y mis, yna gadewch lonydd iddo fo i hel egni yn y gwreiddyn, yn barod at y flwyddyn nesa.

Os ydach chi wedi tyfu ciwcymbyrs, bydd angen eu clymu'n aml fel maen nhw'n tyfu.

Mae'r corbwmpenni a'r pwmpenni'n gwneud yn dda, a gallwch gasglu'r ffrwyth rŵan. Y mwya'n y byd o ffrwythau yr ydach chi'n eu casglu, y mwya'n y byd fydd yn tyfu! Gyda'r pwmpenni (*marrrow*) bydd torri'r pen sy'n tyfu yn hybu'r planhigyn i dyfu canghennau newydd fydd yn cynhyrchu mwy o ffrwyth.

Sut i storio llysiau'r haf

Mae cymaint yn barod ar unwaith yn yr ardd, mae'n bechod gadael i unrhyw gynnyrch fynd yn wastraff. Dyma sut i sicrhau y gallwch fwynhau cynnyrch yr haf allan o'i dymor.

Merllys (*asparagus*)

Mae hwn yn barod i'w gynaeafu tua mis Mai neu Fehefin, ac mi ddylid eu torri pan fyddan nhw tua troedfedd o uchder. Torrwch y coesau ryw fodfedd o dan y pridd. Os na allwch chi eu defnyddio'n syth, yna gallwch eu cadw yn yr oergell (yn sefyll i fyny mewn jwg) am ychydig ddyddiau.

Gallwch hefyd rewi'r coesau. Bydd yn rhaid eu berwi am 2 funud (*blanching*) cyn eu pacio'n ofalus mewn bocs plastig. I'w defnyddio'n syth o'r rhewgell bydd angen eu berwi eto am rhyw 4 munud.

Ffa

Rhewi ydi'r ffordd orau o storio ffa. Ar ôl golchi'r ffa, eu berwi am 2 funud cyn eu rhewi'n agored.

Rhewi agored ydi rhoi'r cynnyrch ar hambwrdd fel nad ydyn nhw'n cyffwrdd, a'u rhewi felly. Wedi i'r llysiau neu'r ffrwythau rewi gallwch eu rhoi yn ôl yn y rhewgell mewn bagiau. I'w coginio yn syth o'r rhewgell, bydd angen berwi'r ffa am rhyw 5 munud.

Ffa Ffrengig

Casglwch y ffa pan fyddan nhw'n ifanc ac yn dyner. Defnyddiwch nhw'n syth neu eu rhewi.

Wedi eu golchi a thorri'r topiau oddi ar y ffa, berwch nhw am 2 funud cyn eu rhoi mewn bagiau plastig i'w rhewi. Bydd angen eu berwi am 5 munud i'w coginio'n syth o'r rhewgell.

Mwyar duon

Dydi'r rhain ddim angen eu storio fel arfer gan ein bod yn eu bwyta'n syth! Ond os oes ganddoch chi rai dros ben gallwch eu rhewi'n agored cyn eu rhoi mewn bagiau yn y rhewgell. Gallwch hefyd wneud purée (eu berwi a'u hidlo) a rhewi hwnnw.

Cyraints du, coch a gwyn

Fel y mwyar duon, rhewi agored ydi'r ffordd orau o storio cyraints. Bydd yn rhaid eu golchi a thynnu'r coesyn a'r darn bach brown sydd ar waelod y cyraints gyntaf.

Brocoli ac unrhyw un o deulu'r brocoli (*calabrese*)

Torwch y brocoli yn flodau (*florets*) neu'n ddarnau o'r un maint cyn eu berwi am rhyw 2 funud. Mae'n well rhewi'r rhain yn agored hefyd cyn eu rhoi mewn bagiau yn y rhewgell, neu bydd ganddoch chi un blocyn mawr gwyrdd! I'w defnyddio yn syth o'r rhewgell, bydd angen eu berwi am rhyw 5 munud.

Blodfresych

Rhewi ydi'r ffordd orau o gadw blodfresych. Yr un fath â brocoli, torrwch nhw'n flodau (*florets*) neu ddarnau or un maint cyn eu berwi am 2 funud, yna eu rhewi. I'w coginio bydd angen eu berwi eto am rhyw 6 munud.

Gwsberis / Eirin Mair

Gallwch eu rhewi'n syth ar ôl eu golchi a chael gwared ar y coesau a'r dail gwaelod, yn union fel cyraints coch / du.

Cêl

Mae'r planhigyn yma'n llawn haearn a fitamin C, felly yn werth bob tamaid! Gallwch ei rewi yn union fel bresych – golchi'r dail â'u torri'n fân, eu berwi am 2 funud a'u rhoi mewn bagiau yn y rhewgell. Eu berwi am 5 munud cyn eu defnyddio.

Tatws

Unwaith mae'r dail wedi dechrau troi'n felyn, torrwch nhw reit i lawr at y pridd, ond gadewch y tatws dan ddaear am rhyw wythnos fach arall. Yna, gyda fforch, codwch nhw'n ofalus a'u gadael ar wyneb y pridd i sychu rhywfaint (dim ond am awr neu ddwy). Cofiwch luchio unrhyw daten werdd – mae'r rhain yn wenwynig.

Pan fyddan nhw wedi sychu rhowch y tatws mewn bocs neu sach mewn lle tywyll, ac mi ddylian nhw gadw tan y gwanwyn. Tarwch olwg drostyn nhw'n aml a lluchio unrhyw daten sy'n dechrau mynd yn ddrwg.

Gallwch rewi tatws hefyd, yn enwedig rhai bach newydd, drwy eu berwi am 3 munud cyn eu rhewi. Bydd angen eu berwi eto am 10 munud cyn eu defnyddio. Gallwch hefyd rewi tatws stwnsh.

Riwbob

Mae riwbob yn rhewi'n grêt. Y cwbwl sy'n rhaid ei wneud yw torri'r dail i ffwrdd, sleisio'r coesau a'i roi mewn bagiau yn y rhewgell. Mae rhai yn deud bod riwbob wedi ei rewi yn coginio'n well oherwydd bod y broses o rewi a dadmer wedi helpu i feddalu unrhyw ddarnau caled yn y coesyn.

Tomato

Y ffordd orau i gadw tomatos yw eu rhewi'n gyfan. Pan fyddwch chi isio'u defnyddio yr unig beth sy'n rhaid i chi ei wneud ydi rhoi'r tomatos mewn dŵr berwedig am funud a bydd y croen yn llithro oddi arnyn nhw yn eitha hawdd. Gallwch hefyd wneud purée o'r tomatos cyn eu rhewi.

Gorffennaf ... yn y gegin

Gnocchi

Defnydd arall i datws sydd ychydig yn wahanol, ac yn mynd yn grêt efo saws tomato a basil fel pryd ysgafn.

> 350g (12 owns) o datws blawdiog
> (fel Golden Wonder neu Maris Piper)
> 75g (3 owns) o flawd codi
> 2 llwy de o oregano sych
> Pupur a halen

Pliciwch y tatws, eu torri a'u berwi nes byddan nhw'n dyner.

Wedi eu tynnu o'r dŵr, stwnsiwch nhw a'u gadael i oeri.

Ychwanegwch y blawd codi, yr oregano, y pupur a'r halen a'i dylino nes bydd ganddoch chi does.

Rholiwch y toes i siâp selsig rhyw fodfedd o drwch, wedyn torrwch yn ddarnau rhyw fodfedd o hyd. Mi fydd pob darn yn edrych fel sosej rôl fechan!

Pwyswch gefn fforc i lawr ar bob un o'r darnau fel bod siâp dannedd y fforc fel streips ar y top. Daliwch y darn toes gyda'ch bys a'ch bawd wrth wneud hyn er mwyn cadw'u siâp nhw.

Dewch â sosban fawr o ddŵr i ferwi a choginio'r gnocchi fesul chydig am rhyw 3 munud. Mi ddylien nhw godi i'r wyneb pan fyddan nhw'n barod.

Codwch nhw o'r dŵr a'u cadw'n gynnes tra byddwch chi'n coginio'r gweddill.

Picl Gwsberis / Eirin Mair

Maer picl hwn yn hynod o flasus efo pysgod, gan fod yr asid ynddo yn torri trwy'r olew sydd mewn pysgod megis macrell ac eog.

> 1·35 cilogram (3 pwys) gwsberis
> 700g (1 ½ pwys) siwgwr
> 150ml o finegr gwin

Rhowch y cynhwysion mewn sosban i ferwi, a'i gymysgu nes bydd wedi tewychu.

Yna arllwyswch i fewn i jariau poeth a rhowch gaead arnynt.

I sterileiddio jariau ar gyfer jam a phicls, golchwch nhw'n dda mewn dŵr poeth a sebon, ac ar ôl eu rinsio'n drylwyr rhowch y jariau a'r caeadau mewn popty cynnes. Peidiwch â'u gadael yn rhy hir, a llenwch nhw efo jam / picl poeth tra bydd y jariau'n dal yn boeth. Caewch y caeadau'n syth, ac mi fydd y faciwm a gaiff ei greu wrth i'r llenwad oeri yn creu sêl (dylai'r botwm bach ar dop y caead gael ei dynnu i lawr). Mae'r sêl yma'n sicrhau y bydd eich cynnyrch yn para'n hirach yn y cwpwrdd heb ei agor.

Relish Tomato

- 900g (2 bwys) o domatos heb groen ac wedi eu torri'n ddarnau bach
- 250g (9 owns) o nionod wedi eu torri'n fân
- 2 clôf o garlleg wedi eu torri'n fân
- 2 llwy fwrdd o halen
- 375g (13 owns) siwgwr bras (*granulated*)
- 2 llwy de o bupur y Caribî (*allspice*)
- 500ml finegr brag (*malt*)
- 1 llwy fwrdd o bowdwr cyrri
- 2 llwy de o bowdwr mwstard
- 1 llwy fwrdd o flawd corn (*cornflour*)

Rhowch y tomatos, nionod a garlleg mewn powlen gymysgu fawr a sgeintiwch yr halen drostyn nhw. Gadewch i'r rhain sefyll am tua awr.

Pasiwch y tomatos drwy ridyll i gael gwared â'r hylif.

Rhowch y cymysgedd mewn sosban fawr drom ac ychwanegwch y siwgwr, pupur y Caribî a'r finegr. Mud-ferwch yn ysgafn am tua ¾ awr, nes bydd y tomatos yn feddal a'r cymysgedd wedi haneru.

Mewn powlen fach cymysgwch y powdwr cyrri, y mwstard a'r blawd corn gyda chydig o finegr i wneud past tenau. Rhowch lwyaid o'r cymysgedd tomato ar ben y past a'i gymysgu eto.

Ychwanegwch hwn at y relish yn y sosban, llwyaid ar y tro, nes bydd y relish wedi tewychu.

Coginiwch am rhyw 5 munud arall.

Arllwyswch y relish i jariau poeth o'r popty a rhoi'r caeadau arnyn nhw. Mi ddylia'r relish yma gadw am bron i flwyddyn!

Tomatos wedi eu sychu yn y popty

- 1 cilogram (2 bwys 4 owns) o domatos coch
- 3 clôf o garlleg wedi eu torri'n fân
- 2 lwy fwrdd o saets wedi ei dorri'n fân
- 2 lwy fwrdd o teim wedi ei dorri'n fân
- Pupur a halen
- Olew olewydd
- Dail llawryf ffres i'w rhoi yn y jar

Sleisiwch y tomatos yn eu hanner, neu os ydyn nhw'n fawr iawn, yn chwarteri.

Paciwch nhw i mewn i ddysgl fawr heb eu rhoi ar ben ei gilydd.

Cymysgwch y garlleg gyda hanner y saets a'r teim a'i sgeintio dros y tomatos.

Rhowch bupur a halen dros y tomatos yna diferwch yr olew olewydd drostynt.

Rhowch y ddysgl o domatos mewn popty isel, tua 50°C. Mi fysa popty cynhesu'r Aga jyst y peth.

Gadewch nhw yn y popty am 8 awr cyn edrych arnyn nhw. Dydach chi ddim isio eu coginio, dim ond eu sychu.

Mi fydd y tomatos yn barod pan fydd y jeli sydd o amgylch yr hadau tomato wedi diflannu.

Pan fydd y tomatos wedi oeri, rhowch nhw mewn jariau efo gweddill y perlysiau a rhoi deilen lawryf ym mhob un cyn arllwys olew olewydd i'w gorchuddio.

Bydd y rhain yn cadw yn yr oergell am tua dau fis. Grêt hefo salad, pasta neu ar eu pennau eu hunain!

Mis Awst

Mis Awst

Mae'r gwaith mawr wedi ei wneud erbyn hyn, felly mae mis Awst yn amser i ymlacio ychydig a meddwl am y tymor hyd yn hyn. Gwnewch gofnod o'r tywydd, be sydd wedi bod yn llwyddiannus (a be sydd ddim wedi gwneud cystal), ac unrhyw gynlluniau at y flwyddyn nesa – be fysach chi'n ei wneud yn wahanol? Gwnewch gynllun o pa lysiau rydach chi wedi eu tyfu, ac yn lle. Mi ddaw hyn yn ddefnyddiol iawn ddechrau'r flwyddyn nesa pan fyddwch yn ystyried cylchdroi cnydau.

Mis Awst

Jobsys

Mae'r haf yn dal efo ni felly mae jobsys pwysig angen eu gwneud o hyd, sef dyfrio, chwynnu a bwydo. Dyma rai tasgau eraill i gychwyn arnyn nhw:

➤ Wedi i chi ddechrau cynaeafu ychydig o lysiau mi fydd gwaith twtio. Mae'n werth codi unrhyw ddail sydd wedi marw a'u taflu ar y domen, fel na fydd unrhyw afiechydon yn cael cyfle i ledu i'r pridd nag at y llysiau cyfagos.

➤ Daliwch ati i gasglu ciwcymbyrs, corbwmpenni a ffa Ffrengig. Wrth eu hel yn aml, mi allwch chi fod yn ddigon ffodus i gael cnwd fydd yn eich cadw chi i fynd tan y rhew cyntaf!

➤ Os wnaethoch chi dyfu pwmpenni yn y tŷ gwydr neu'r twnnel plastig, yna bydd yn rhaid eu codi nhw oddi ar y llawr neu'r pridd. Bydd hyn yn eu harbed nhw rhag colli eu lliw. Mi fydda i'n defnyddio gwellt neu bot blodau i wneud hyn – ac yn croesi fy mysedd bob blwyddyn y bydd ganddon ni bwmpen yn barod at Galan Gaeaf.

➤ Gallwch blannu rhesaid hwyr o sbigoglys (spinach) hefyd y mis yma, ond bydd yn rhaid gweddïo am hydref eitha mwyn i allu cynaeafu'r dail.

➤ Ystyriwch blannu gwrtaith gwyrdd (green manure). Mae'n well cael rhywbeth yn tyfu yn y pridd dros y gaeaf na dim byd o gwbwl. Mae gwrtaith gwyrdd yn amddiffyn y pridd rhag y tywydd garw. Y cwbwl fydd yn rhaid ei wneud y flwyddyn nesa yw palu'r gwrtaith gwyrdd i mewn i'r pridd ac mi fyddwch chi'n barod i blannu eto!

Gwrtaith Gwyrdd

Mae gwrtaith gwyrdd, a elwir hefyd yn gnwd gorchudd, yn ffordd wych o ychwanegu maeth i'r pridd. Pwrpas gwrtaith gwyrdd ydi plannu cnwd sydd wedyn yn cael ei ymgorffori i'r pridd er mwyn cynyddu ffrwythlondeb. Gall gwrteithiau gwyrdd gael eu plannu yn yr hydref ar ôl i'r llysiau gael eu cynaeafu, ond gallwch hefyd blannu gwrteithiau gwyrdd fel rhan o'ch cynllun cylchdroi cnydau yn ystod y tymor tyfu. Os byddwch yn plannu eich gwrtaith gwyrdd i dyfu bob hydref a gaeaf, mae hefyd yn dyblu fel cnwd gorchudd ac yn helpu i gadw'r pridd da rhag cael ei olchi i ffwrdd gan dywydd garw.

Mathau o Wrtaith Gwyrdd

Mae dau fath o wrteithiau gwyrdd: planhigion codennog (leguminous) a phlanhigion di-goden (nonleguminous).

- Planhigion codennog: mae eu gwreiddiau yn gweithio efo'r bacteria yn y pridd i gael gafael ar neitrogen yn yr atmosffer. Mae alffalffa, meillion a ffa soia yn perthyn i'r categori yma.

- Planhigion di-goden: y gwrteithiau gwyrdd eraill fel rhygwellt, ceirch a gwenith yr hydd.

- Waeth lle rydach chi'n byw, mae nifer o wrteithiau gwyrdd i ddiwallu anghenion eich gardd. Ymchwiliwch i'r math sydd orau i chi – mae dipyn go lew o wybodaeth ar wefannau megis www.greenmanure.co.uk

- Rydych yn troi'r cnwd dail gwyrdd i mewn i'r pridd yn y gwanwyn cynnar, cyn i'r pridd gynhesu digon i blannu, ond pan mae'n ddigon sych fel na fydd y pridd yn cael ei wasgu drwy ei weithio. Os oes pridd trwm acw, bydd angen i chi droi'r gwrtaith gwyrdd i mewn i'r pridd yn yr hydref fel ei fod yn pydru dros y gaeaf.

- I blannu gwrtaith gwyrdd yn iawn, bydd angen i chi wneud hynny pan fydd hi ar fin bwrw glaw. Mae'n hanfodol na chaiff yr had gyfle i sychu allan yn ystod y cyfnod egino. Gallwch wasgaru'r hadau â llaw ar batsh bychan, gan gymysgu'r hadau efo tywod neu bridd cyn taenu er mwyn cael mwy o reolaeth dros ble maen nhw'n mynd.

- Ar ôl i chi daenu'r hadau, cribinwch y pridd er mwyn eu gorchuddio ar gyfer egino.

Cyfnod y Sioeau

Dydw i ddim yn un am gystadlu lot fawr efo fy llysiau – tyfu ar gyfer y teulu fydda i yn bennaf, a does dim ots sut mae rwbath yn edrych ar gyfer hynny! Ond mi fyddaf yn mynd â fy ffrindiau pluog i ambell sioe, a'r fwyaf yn y rhan yma o'r wlad ydi Sioe Môn yr wythnos ar ôl y Steddfod Genedlaethol. Peidiwch â meddwl 'mod i'n codi ar fore'r sioe, dal yr iâr a'i chario dros y bont – o na! Mae cystadlu yn fater llawer mwy cymhleth na hynny ...

Paratoi Ieir at Sioe

Dwi wedi bod yn cystadlu mewn sioeau efo dofednod er pan oeddwn i'n 12 oed, ac yn ystod y cyfnod hwnnw dwi wedi dangos bob dim o bantams i wyddau. Gydag unrhyw gystadleuaeth, mae'r paratoi yn elfen bwysig iawn. Mi fydda i'n paratoi'r ieir rhyw dri diwrnod ymlaen llaw er mwyn iddyn nhw gael cyfle i ddod atynt eu hunain.

I ddechrau, dwi'n golchi'r ieir mewn dŵr cynnes, gan wneud yn siŵr fy mod i'n gafael yn dynn ynddyn nhw. (Tydi iâr sy'n tasgu dŵr i bob man ddim yn beth neis!) Mae rhai o'r ieir acw wedi hen arfer cael bath erbyn hyn, ond mi allan nhw fod ychydig yn ofnus, felly rhaid cael amynedd.

Ar ôl gwlychu'r plu mae angen rhoi'r shampŵ arnyn nhw. Mi fydda i yn ei dywallt mewn llinell i lawr canol cefn yr iâr a'i rwbio i mewn i'r plu at i lawr. Mae'n rhaid bod yn ofalus o gwmpas y pen rhag cael y sebon yn eu llygaid a'u ffroenau.

Mi fyddaf yn rinsio'r aderyn yn dda efo dŵr cynnes, ac ailadrodd y broses eto hefo *conditioner* i roi sglein neis i'r plu.

Wedi rhwbio a rinsio'r *conditioner*, a sgwrio traed yr aderyn yn lân, mae'n amser ei sychu. Dwi'n lapio'r iâr mewn tywel a'i rhwbio'n ysgafn i gael gwared ar y rhan fwyaf o'r dŵr. Yna, mi fydda i'n eistedd mewn cadair gyffordus efo sychwr gwallt!

Defnyddio sychwr gwallt ydi'r ffordd orau o sychu'r plu – go iawn! Mae'n rhaid dal i symud y peiriant drwy'r adeg, a gofalu peidio â'i ddal yn rhy agos at y croen. Mae'n bwysig sychu bob tamaid o'r aderyn – gall y broses o sychu gymryd rhywle rhwng 30 munud ac awr a hanner, yn dibynnu ar faint yr aderyn. Mae'r rhan fwyaf o adar wrth eu boddau'n cael *blow-dry* bach ac mae'n ffordd dda o gadw'r plu a'r croen yn iach a chael gwared ar unrhyw bryfed bach (*mites*).

Wedi i'r iâr gael ei sychu, mi fyddaf yn gadael llonydd iddi am sbel er mwyn iddi

gael amser i ddod ati ei hun. Mae'n rhaid cadw'r aderyn mewn man sych, sydd ddim yn rhy oer. Mae'n werth cael rhywun i helpu, fel bod un yn gallu golchi tra bydd y llall yn carthu'r cwt yn lân cyn rhoi'r aderyn yn ôl.

Mae paratoi adar dŵr ar gyfer eu harddangos yn llawer mwy syml. Y cyfan sydd angen ei wneud ydi eu harchwilio nhw rhyw wythnos ymlaen llaw i weld a oes briwiau neu blu ar goll, yna ar fore'r sioe rhoi cadach tamp dros y plu, glanhau'r pig a'r traed hefo brwsh sgwrio, ac i ffwrdd â ni!

Pan fydda i'n cario'r adar i'r sioe, mi fydda i'n gwneud yn siŵr 'mod i'n rhoi llwch lli glân yng ngwaelod y bocsys cludo, a gwneud yn siŵr hefyd fod y bocs wedi ei awyru'n dda.

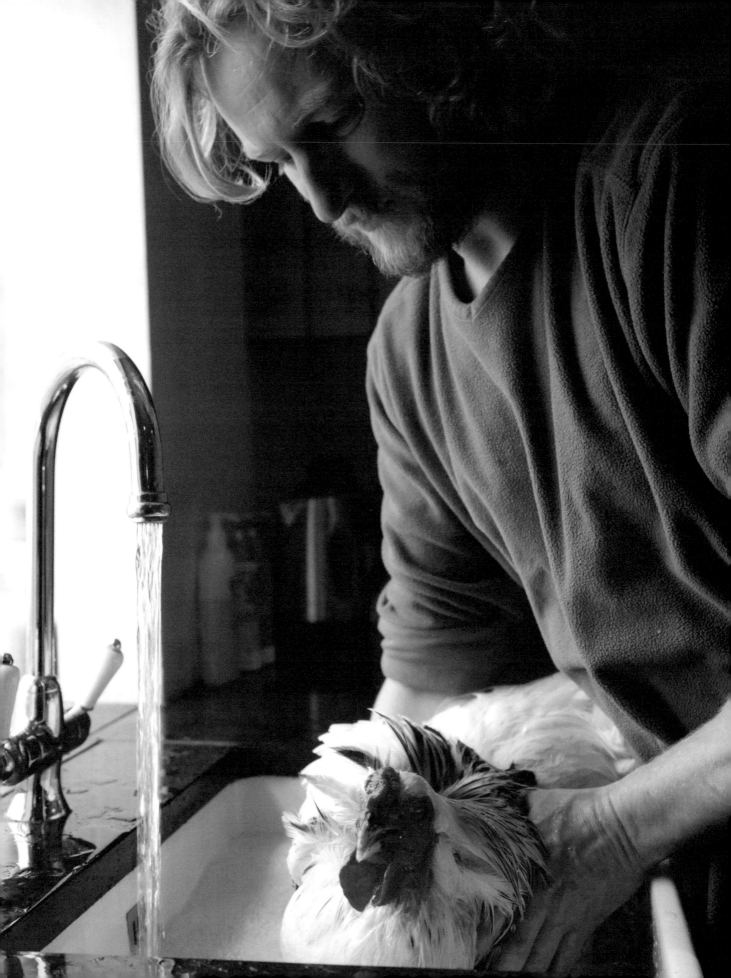

Ted Hughes
Llanfairpwll; Sioe Môn

Tyfu llysiau ar gyfr Sioe

Fel y soniais i, tydw i ddim yn cystadlu efo fy llysiau mewn sioeau mawr, ond dwi'n nabod sawl un sydd wrth eu boddau'n gwneud hynny. Dros y blynyddoedd, mae Ted Hughes wedi cystadlu gannoedd o weithiau ledled y wlad ac ennill llu o wobrau.

Ted Hughes: Mi ddechreuais i gystadlu efo fy llysiau o gwmpas chwarter canrif yn ôl! Roeddwn i'n mynd i sioeau bach lleol – Sioe Porthaethwy, Glasinfryn, Benllech, Penrhosgarnedd, Moelfre ac ati. Mae'r rhan fwyaf o'r rheini wedi diflannu erbyn hyn, gwaetha'r modd.

Mae technegau tyfu ar gyfer sioe fach yn union yr un fath â thyfu ar gyfer sioe fawr fel Sioe Môn neu'r Sioe Fawr yn Llanelwedd, ac mae'r cystadleuwyr yn cymryd pob sioe o ddifrif.

Mae'r math o lysiau rydach chi'n eu tyfu ar gyfer cystadlu yn wahanol i'r rhai mae pobol yn eu tyfu fel arfer i'w bwyta. Mae 'na fathau o lysiau sy'n cael eu tyfu ar gyfer eu hedrychiad – yn aml, mwya'n y byd, gorau'n y byd ydi hi. Dwi wedi bod yn cadw hadau o blanhigion dwi wedi cael llwyddiant efo nhw – rhai ers ugain mlynedd a mwy – achos mae'r hadau gorau yn gallu bod yn ddrud iawn. Os ydw i'n gwybod bod gen i lysieuyn andros o dda, mi fydda i'n ei ailblannu o ar ôl sioe, a phan mae o'n mynd i had yn yr hydref, casglu hwnnw yn barod i'w ailblannu y flwyddyn wedyn. Efo petha 'fath â pys a ffa, mae angen sychu'r rheini er mwyn eu plannu eto. Dros y blynyddoedd, dwi wedi

gweld y ffasiwn mewn llysiau'n newid. Ambell flwyddyn, mae pob beirniad yn gwobrwyo'r un mathau o lysiau, a'r tric ydi gwybod pa un i'w blannu ar gyfer y flwyddyn nesa bob tro!

Mae llysiau sioe angen llawer mwy o ofal na llysiau cyffredin. I ddechrau, mae angen cynllunio'n ofalus cyn cychwyn plannu i wneud yn siŵr fod y cynnyrch ar ei orau ar ddyddiad y sioe. Mae hyn yn arbennig o bwysig efo blodfresych a moron, lle gall ychydig ddyddiau hyd yn oed wneud byd o wahaniaeth. Ond os na chewch chi dywydd o'ch plaid mi aiff popeth yn ffliwt! Roedd 2012 yn flwyddyn wleb iawn, ac mi wn i fod sawl un wedi gorfod dewis rhwng cystadlu yn y Sioe Frenhinol a chystadlu yn Sioe Môn — doedd ganddyn nhw ddim digon o gynnyrch i wneud y ddau! Mae cyflwr, unffurfedd ac edrychiad yn hanfodol, ac os nad ydi'ch cynnyrch chi yn ticio'r bocsys, waeth i chi heb â chychwyn i sioe fel Sioe Môn. Mi gewch faddeuant am frychau a ballu yn rhai o'r sioeau bach, ond nid yn y Primin, nac yn y Sioe Frenhinol yn Llanelwedd. Ennill yn fanno ydi breuddwyd pawb sy'n tyfu'n gystadleuol, am wn i.

Ar hyn o bryd, rydw i'n tyfu mewn pum tŷ gwydr. Does gen i ddim digon o ardd i dyfu bob dim acw, ond mae gen i ffrindiau a chymdogion sydd â gerddi a thai gwydr gwag, felly dwi'n cael eu defnyddio nhw a thalu'n ôl efo cynnyrch. Mae hynny'n dda o beth a deud y gwir, achos fydda i ddim yn bwyta llawer o lysiau fy hun! Y tu allan i'r tai gwydr, mi fydda i'n tyfu pethau fel moron a phannas mewn peipiau, sy'n sicrhau eu bod yn tyfu'n hir ac yn syth. Cofiwch chi, mae'n

dipyn o dasg eu cael nhw allan yn un darn weithia.

Mae tyfu yn job llawn amser, oherwydd mae'n rhaid cadw llygad barcud ar bob dim — heb sôn am y dyfrio! Cyn unrhyw sioe, mae 'na oriau o waith paratoi hefyd. Mi fydda i'n codi rhai llysiau, fel cennin, hyd at bedwar diwrnod cyn sioe, gan fod cymaint o waith glanau a pharatoi arnyn nhw, ond efo petha eraill fel blodfresych mae'n rhaid eu cynaeafu'r diwrnod hwnnw gan eu bod yn dirywio mor sydyn. Mi allwch chi gadw cennin mewn cyflwr ardderchog mewn bag gwlyb am bron i bythefnos — mi welwch

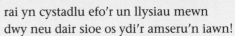

rai yn cystadlu efo'r un llysiau mewn dwy neu dair sioe os ydi'r amseru'n iawn!

Rhaid i mi gyfadda, mae hi'n job ddrud iawn, rhwng gwresogi tai gwydr, prynu hadau a chompost, bil dŵr os ydach chi ar fesurydd a phrynu pob math o geriach i'ch helpu chi i gael y llysiau gorau. Mae o'n fyd gwahanol i dyfu ar gyfer y gegin.

Un peth sy'n fy ngwneud i'n drist y dyddia yma ydi nad oes gan bobol ifanc ddiddordeb mewn tyfu. Dw i wedi methu'n glir â chael neb i fy helpu yn yr ardd – does ryfedd fod y sioeau bach yn diflannu.

Awst ... yn y tŷ

Perlysiau Rhinweddol

Ydyn, mae perlysiau yn ddefnyddiol yn y gegin – ond mae llawer mwy y gallwch ei wneud efo nhw!

Aloe Vera

Cadwch blanhigyn aloe mewn pot ar eich ffenest. Ar wahân i'w ddyfrio yn wythnosol, does dim angen gofal arbennig arno. Ar gyfer mân-losgiadau, torrwch ddeilen drwchus a rhowch y llysnafedd sydd yn dod ohoni ar y llosg i'w wella.

Te Dail Poethion

Gellir ei yfed i helpu i leihau symptomau clefyd y gwair, sef tisian a llygaid sydd yn cosi a dyfrio. Rhowch lond llwy de o ddail poethion wedi eu sychu neu lond llaw o ddail ffres mewn cwpan o ddŵr berwedig a'i adael i fwydo am funud neu ddau cyn ei arllwys i gwpan lân. Ychwanegwch ychydig o fêl i'r ddiod os leciwch chi.

Te Mintys

Hwn oedd fy hoff fath o de pan oeddwn yn feichiog! Mae te mintys yn arbennig o dda ar gyfer diffyg trael neu gamdreuliad, ac mae'n hawdd iawn i'w baratoi. Tywalltwch ddŵr berwedig dros ychydig o ddail (6 ar gyfer un cwpan). Gadewch iddo fwydo am ychydig funudau a'i yfed yn syth.

Lafant

Mae lafant yn cael ei ddefnyddio'n aml yn ein tŷ ni. Mae o mewn bagiau bach yn ein drôrs i gadw dillad yn ffres, ac mi fyddaf

yn ei roi o yn y bath hefyd. Byddaf hyd yn oed yn ei roi mewn teisennau! Ond fy hoff ddefnydd i ar ei gyfer ydi i fy helpu i gysgu. Rydw i wedi rhoi'r blodau mewn bag bach rhyw 3 modfedd sgwâr, a'i roi ar y gobennydd. Mae'r arogl yn hyfryd ac yn gwneud i mi gysgu mewn dim. Mae'n gweithio ar y plant hefyd!

Te Camomeil

Ffefryn nosweithiol arall. Dwi'n un am banad o de, ond mi fydda i'n trio peidio yfed caffîn ar ôl chwech y nos. Felly cyn mynd i 'ngwely (neu pan fydda i yn y gwely ac yn darllen llyfr) mi fydda i'n sipian te camomeil.

Rhowch lond llaw o'r dail a'r blodau mewn tebot, arllwys dŵr berwedig drostyn nhw a'u gadael i fwydo am funud neu ddau. Straeniwch yr hylif i fewn i gwpan lân. Fel unrhyw de perlysiau, gallwch ychwanegu mêl os leciwch chi.

Garlleg

Mae hwn yn llysieuyn pwysig iawn. Mae cymaint o ddefnyddiau gwahanol iddo, mi allwn sgwennu llyfr cyfan amdano! Credir ei fod yn llesol i'r galon a'r iau, yn rhoi hwb i'r metaboledd efo haearn, yn atal canser ac yn ymladd yn erbyn bacteria a feirwsau. Mae garlleg yn elfen hanfodol o ddeiet iach. Ceisiwch fwyta ychydig bob dydd!

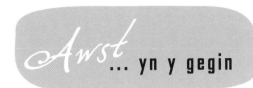

Awst ... yn y gegin

Spanakopita

Efallai fod yr enw yma'n ddiarth i rai ohonoch, neu'n swnio braidd yn egsotig, ond unwaith eto, mae'n hawdd iawn i'w goginio ac yn hynod o flasus ar ddiwrnod poeth o haf gyda salad ffres o'r ardd a gwydraid bach o rwbath oer!

Tydw i ddim wedi nodi faint o bob cynhwysyn i'w ychwanegu oherwydd mae hynny'n ddibynnol ar eich dant personol chi, ac ar faint o bobl rydach chi'n coginio ar eu cyfer, felly byddwch yn ddewr, ac arbrofwch.

> Llwyth o sbigoglys (*spinach*) ffres
> Un nionyn
> 2 clôf o garlleg wedi'u stwnsho
> Sudd un lemon
> 2 lwy fwrdd o gnau pin wedi eu tostio
> Caws ffeta wedi ei friwsioni
> Paced o grwst ffilo a menyn wedi'i doddi i'w frwsio dros yr haenau

Coginiwch y nionyn a'r garlleg yn ysgafn mewn ychydig bach o olew mewn sosban.

Ychwanegwch y sbigoglys a choginiwch yn ysgafn am bum munud. Byddwch yn ofalus i beidio â'i or-goginio a rhowch gaead ar y sosban i gadw'r fitaminau rhag dianc efo'r stêm.

Ychwanegwch halen a phupur, y sudd lemon, y cnau pin a'r caws feta a chymysgwch y cwbwl yn dda. Tynnwch y sosban oddi ar y gwres.

Leiniwch ddysgl wedi ei hiro gyda dwy neu dair haenen denau o'r crwst, gan frwsio ychydig o fenyn wedi ei doddi rhwng yr haenau ffilo.

Rhowch ychydig o'r cymysgedd yn y ddysgl a haenen arall o ffilo, efo mwy o fenyn arno, ar ben hwnnw. Yna mwy o'r cymysgedd, ac yn y blaen, gan ddarfod efo haenen o ffilo a menyn.

Rhowch mewn popty (gwres canolig) am 15 i 20 munud.

Jam mafon

Mi fydda i'n cael trafferth hefo jam weithiau, ond mae'r un yma yn grêt ac yn gweithio bob tro.

> 4 pwys o fafon
> 4 pwys o siwgwr bras (*granulated*)

Paratowch eich jariau. Byddwch angen tua 6 photyn sy'n dal pwys yr un. Mi fydda i hefyd yn rhoi soseri yn yr rhewgell, yn barod er mwyn profi ydi'r jam wedi setio.

Rhowch y siwgwr a'r ffrwythau mewn sosban jam (neu sosban fawr, drom), a'u cynhesu'n raddol nes bydd y siwgwr wedi toddi, gan gymysgu'r cynhwysion o dro i dro.

Mae'n bwysig gwneud yn siŵr fod pob mymryn o'r siwgwr wedi toddi, a gall hyn gymryd tua 20 munud. Mi ddylai bod ganddoch chi gymysgedd sydd fel syrap erbyn hyn. Rŵan mi allwch chi gynyddu'r gwres.

Bydd angen berwi'r cwbwl yn galed ac yn gyflym er mwyn iddo setio.

Ar ôl rhyw 3 munud o ferwi cyflym rhowch lond llwy de o'r jam ar un o'r soseri sydd wedi bod yn y rhewgell. Gadewch iddo oeri ychydig. Yn ofalus, gwthiwch eich bys drwy'r jam i weld a ydi o'n crebachu. Os ydi o, yna tynnwch y sosban oddi ar y gwres a rhowch y jam yn y potiau a chau'r caeadau.

Os nad ydi'r jam yn crebachu dan eich bys, yna gadewch iddo ferwi am funud arall cyn trio eto. Mi ddylia fo fod yn barod y tro nesa.

Rhowch label a dyddiad ar y potyn a'i roi yn y pantri – os oes lle!

Mis Medi

Gall Medi fod yn fis cynnes braf lle gallwch chi dreulio oriau yn yr ardd. Ond ar y llaw arall, mi allwn gael Medi oer a gwlyb hefyd, pan fyddwch chi isio treulio eich nosweithiau o flaen y tân! Ond waeth beth ydi'r tywydd mae'r gwaith yn parhau, ac os ydi'r tywydd yn ffafriol mae posib plannu llysiau o hyd.

Mis Medi

Cnydau i'w plannu:

- Nionod dros y gaeaf (*overwintering*) sy'n cael eu gwerthu fel setiau

- Garlleg

- Tatws newydd erbyn y Nadolig! Mae'n werth rhoi cynnig ar y rhain. Os oes ganddoch chi dŷ gwydr neu dwnnel plastig, gallwch eu tyfu yno mewn tybiau neu fagiau

Os ydach chi wedi codi eich tatws i gyd, yna ewch dros y tir unwaith eto hefo fforch. Ewch i lawr rhyw droedfedd ac mi gewch chi sioc o weld faint o datws yr ydach chi wedi eu methu! Wedi eu codi, ystyriwch hau mwy o wrtaith gwyrdd (gweler Awst).

Mi ddyliai eich pys a'ch ffa fod wedi gorffen erbyn hyn, felly torrwch y tyfiant i lawr a'i roi yn y bin compost – ond gadewch y gwraidd yn y pridd i bydru. Mae ar y gwraidd gnepynnau (*nodules*) bach sy'n llawn neitrogen, fydd yn cael ei ollwng i'r pridd wrth i'r gwraidd bydru.

Paratoi at y gaeaf

Os oes ganddoch chi blanhigion perlysiau ifanc yn yr ardd, mae'n syniad da eu rhoi mewn potiau a dod â nhw i mewn i'r tŷ dros y gaeaf. Mi fydd Jen yn tyfu mintys a basil ar silff ffenest y gegin drwy'r gaeaf ac yna'n eu plannu allan yn y gwanwyn – fel hyn gallwch ymestyn y tymor tyfu a sicrhau fod ganddoch chi berlysiau ffres i'w defnyddio drwy'r gaeaf.

Daliwch ati i dacluso'r ardd drwy godi dail a thocio neu godi planhigion sydd wedi marw. Unwaith eto, chwiliwch am arwyddion o bla, er mwyn cael gwared ar yr haint. Cofiwch beidio â rhoi unrhywbeth sydd ag arwydd o haint arno yn eich bin compost.

Cynilo dŵr

Beth am gael casgen ddŵr (water butt) os nad oes un acw yn barod? Mae cynilo cymaint o ddŵr ag y gallwch chi yn syniad da o safbwynt yr amgylchedd a'ch bil dŵr, ac mae Medi'n amser da i wneud ychydig o waith llaw tra bydd y tywydd yn eitha mwyn. Bydd y gasgen yn ei lle erbyn y tywydd gwlyb ac mi fydd ganddoch chi ddigon o ddŵr glaw i ddyfrio'ch planhigion ifanc yn y gwanwyn.

Does dim rhaid i chi brynu casgen bwrpasol o'r ganolfan arddio – mae llawer o gwmnïau'n taflu neu'n ailgylchu casgenni plastig felly holwch yn lleol. Mae posib prynu tapiau i'w gosod ar ochr eich peipen ddŵr i arallgyfeirio'r dŵr glaw i'r gasgen – neu mi allwch godi'r dŵr o'r gasgen efo can dŵr neu bwced!

Dyma dabl bach i'ch atgoffa lle rydach chi arni! Cofiwch, canllaw ydi hwn all amrywio o flwyddyn i flwyddyn.

Llysieuyn	Hau	Medi
Ffa	Chwe – Meh	Meh – Hyd
Betys	Maw – Meh	Awst – Hyd
Brocoli hwyr	Chwe – Ebr	Gorff – Medi
Sbrowts	Maw – Mai	Hyd – Rhag
Bresych gaeaf	Ebr – Mai	Hyd – Rhag
Bresych gwanwyn	Gorff – Medi	Ebr – Mai
Moron	Maw – Meh	Awst – Rhag
Blodfresych gaeaf	Mai – Meh	Hyd – Rhag
Corbwmpen	Chwe – Mai	Gorff – Medi
Cennin	Maw – Ebr	Hyd – Chwe
Nionyn (had)	Ion – Chwe	Gorff – Medi
Pannas	Chwe – Ebr	Medi – Ion
Letis	Chwe – Meh	Meh – Medi
Tomato	Ion – Ebr	Gorff – Hyd

Toriadau
(Cuttings)

Chewch chi ddim amser gwell o'r flwyddyn na Medi i greu planhigion newydd o'r rhai sydd ganddoch chi'n barod. Mi fuasech chi'n dychryn faint o blanhigion newydd y medrwch chi eu creu allan o un planhigyn hyd yn oed! Mae bron bob dim sydd gen i'n tyfu yn yr ardd wedi dod o erddi pobl eraill neu wedi dod o doriadau.

Mae gwahanol fathau o blanhigion – er enghraifft llwyni, bylbiau, planhigion suddlon (*succulents*) a rhai sy'n ffurfio mewn bwndeli (*clump forming*) – ac maen nhw angen cael eu gwahanu mewn ffyrdd gwahanol. Chwiliwch am blanhigyn aeddfed, sef rwbath sydd wedi mynd yn rhy fawr i'w safle, a bydd hwn yn addas ar gyfer ei wahanu. Dyma un enghraifft.

Mynawyd y bugail (*geranium*)

Gallwch hollti'r rhain yn eu hanner. Mi allwch chi eu hollti nhw'n ddarnau llai hefyd, os leciwch chi. Un planhigyn sydd yn y llun yma. Mae'r darn brown yn llawn egni ac mae angen torri'r gwyrddni oddi arno fo. Does dim isio dail ar y toriad oherwydd mae angen cadw'r egni i gyd yn y gwraidd. Plannwch o mewn potyn yn llawn pridd neu gompost, dyfriwch a rhowch o yn y tŷ gwydr nes bydd 'na dyfiant newydd yn dod o'r pridd. Bryd hynny, torrwch yr hen dyfiant yn ei ôl, fel bod y tyfiant newydd yn cael pob cyfle. Wedi i'r gwanwyn basio, gallwch roi'r planhigyn newydd yn ei safle terfynol.

Cynan Jones

Hel o'r Gwyllt

Mae'r mwyar duon olaf wedi eu casglu erbyn hyn, felly os ydach chi'n cael blas ar hel o'r gwyllt be am fynd i chwilio am fadarch? Mi ges i wers ar be i chwilio amdano gan arbenigwr!

Cynan Jones: Dwi'n gwybod dim am ddeiliach a ballu – madarch ydi fy nileit i!

Mi ddechreuodd fy niddordeb i mewn madarch tua ugain mlynedd yn ôl. Ar June, fy ngwraig, mae'r bai, hefo'i llyfrau ar hel o'r gwyllt. Be ddenodd fi atyn nhw gynta oedd chwilfrydedd – doedd neb arall yn cymryd sylw ohonyn nhw. Mae deiliach a ffrwythau yn cael mwy o sylw gan bobol fel rheol, a'r ffwng yn cael ei anwybyddu. Dwi'n ei chael hi'n ddifyr chwilota yn fy ardal leol amdanyn nhw.

Dydi'r Cymry ddim yn gwybod am fadarch bellach – mae'r cof wedi diflannu. O'i chymharu â rhai o wledydd eraill Ewrop mi ydan ni'n wlad gyfoethog o ran bwyd, erioed wedi gorfod dibynnu ar hel a chasglu ar gyfer bwyta. Gyrrodd y Chwyldro Diwydiannol y bobol i'r trefi, lle nad oedd tyfiant gwyllt. Bu i'r tirfeddianwyr gau eu hystadau i'r werin, ac yn ôl pregethau'r Diwygiad Protestanaidd, roedd madarch yn 'ffrwyth y diafol'.

Mae ein cefndryd ar y cyfandir yn gwybod lot mwy am fadarch – roedd eu gaeafau nhw'n galetach felly roeddan nhw'n dal i hel o'r gwyllt ac mae eu gwybodaeth wedi goroesi.

Mae yng Nghymru amrywiaeth bendigedig o fadarch o liwiau a siapiau gwahanol – ond

rydan ni wedi cael ein dysgu eu bod nhw'n beryg. Mi fydda i'n deud wrth bobol bod pob madarch yn fwytadwy – o leia un waith! Ond os ydach chi'n ansicr o'ch pethau, sticiwch at y madarch fflat, bwytadwy, gewch chi'n reit fynych mewn caeau.

cap llaeth gwlanog

Mae'r rhai gwenwynig i gyd â smotiau arnyn nhw, ac maen nhw'n tyfu o'r gwreiddyn sydd fel wy. Mae'r rhan fwyaf o fadarch coch yn wenwynig ac yn gallu bod yn *hallucinogenic*! Yn ffodus, mae'r petha gwenwynig yn brin iawn – dim ond 6 oeddwn i wedi dod ar eu traws mewn 15 mlynedd, ond llynedd mi welis i 6 cap marwol (*death cap* – yn llythrenol berig bywyd!). Ma' raid bod y tywydd yn eu siwtio nhw.

Dyma rai o'r ffwng y gallwch chi ddod ar eu traws yng Nghymru:

Y Cap Llaeth Gwlanog – wedi cael ei enw oherwydd y 'llefrith' sydd yn diferu ohono fo (nid llefrith ydi o, cofiwch, ond sudd tebyg i *latex*). Mae blas poeth iawn arno fo, ac mae rhai yn ei ddefnyddio yn lle chilli. Dydan ni ddim yn ei fwyta oherwydd ei fod yn chwerw.

Chanterelles – yn hoffi lle efo coed a mwsog, yn wynebu i'r de yn aml iawn. Mae'n tyfu mewn grwpiau sy'n nodweddiadol

cynffon twrci

ohono, ac mae blas fel bricyll arno fo. Mae ei liw yn hydrefol ac mae'n tyfu ym Medi a Hydref – weithiau yn gynt.

Cynffon Twrci – yn tyfu ar goed ac yn bwydo oddi ar y pren marw. Mae'n cynnwys *antioxidants* – elfennau gwrth-cancr. Dydan ni ddim yn bwyta hwn, ond mae ymchwil yn cael ei wneud ar hyn o bryd i ddatblygu cyffuriau ohono. Mae posib archebu cynnyrch *antioxidant* sy'n cynnwys y cynffon twrci ar y we o America. Mae o'n ddrud iawn – dydi pobol ddim callach be sydd o dan eu trwynau nhw!

Cwdyn y Diafol neu Pelen y Ddaear – yr *earthballs* ydi'r rhain. Maen nhw'n wenwynig, a sborau yn codi ohonyn nhw fel niwl. Maen nhw'n tyfu i faint cymaint ag afal, ac yn hoffi lleithder.

Y Chwydwr – *beechwood sickener* ydi'r enw Saesneg arno fo – mi fasa rhywun yn chwydu am oriau ar ei ôl o!

cwdyn y diafol

Dwi'n tyfu madarch yn fasnachol ers deng mlynedd, yr wystrys y coed (*oyster mushroom*) a'r shiitake. Mi fydda i'n eu tyfu mewn blociau o lwch lli sy'n cael eu gwneud yn arbennig i mi. Dwi hefyd wedi llwyddo i dyfu'r wystrys ar yr hopys o fragdy'r Mŵs Piws ym Mhorthmadog, ac erbyn hyn dwi'n gwerthu'r blociau tyfu shiitake yn barod i'w ffrwythloni er mwyn i bobol fedru eu tyfu nhw eu hunain adra.

Mae gen i ddau gontainer mawr i dyfu'r madarch – mae'r cyntaf yn cael ei gadw'n gynnes drwy'r flwyddyn i efelychu tymheredd yr haf, ac mae'r blociau yn aros yn fanno am wyth wythnos. Wnân nhw ddim ffrwytho yn fanno, felly dwi'n eu symud nhw i'r ail gontainer, sydd yn oer ac yn llaith i efelychu'r hydref. Wedi iddyn nhw gyrredd yr 'hydref', maen nhw'n cael sioc i'r system, fel petai, ac yn cael yr hwb angenrheidiol i ffrwytho.

chanterelles

Mi fydda i'n dal i fwyta madarch yn rheolaidd. Mae pobol wastad yn gofyn i mi be allan nhw 'i wneud efo nhw – mi fydd rhai hyd yn oed yn gofyn ydi'r rhai dwi'n eu tyfu'n fwytadwy! Digwyddodd yn y BBC Good Food Show unwaith – anhygoel! Mae gofyn i mi pa un ydi fy hoff ffordd i o'u coginio yr un fath â gofyn i riant pa un ydi ei hoff blentyn, ond tasa rhaid i mi ddewis, risotto shiitake ydi fy ffefryn.

Mi ydan ni erbyn hyn wedi datblygu sawl cynnyrch arall – siocled blas madarch, rhinflas Umami, antipasti, madarch wedi eu sychu ac yn y blaen; y cwbwl yn ein cegin fasnachol yng nghefn y tŷ. Dan ni'n cael archebion o siopau mawrion Llundain ac o dramor am y cynnyrch yma, yn ogystal â siopau leol Llanfrothen a Phenrhyndeudraeth, ac mae olew blas shiitake ar y gweill ganddon ni hefyd, fydd yn debyg i olew tryffl.

Yr Ardd Fadarch
Glan Meirion, Nantmor, LL55 4YG
www.snowdoniamushrooms.co.uk

*wystrys y coed
yn tyfu yn y bloc*

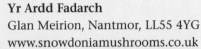

wystrys y coed

bloc shiitake

Riwbob

Fedra i ddim madda i riwbob. Llysieuyn 'ta ffrwyth ydi o? Does dim ots gen i, gan ei fod o'n gynnyrch mor hyblyg. Mi fyddan ni'n tyfu dipyn o riwbob ar y patsh ac mi fydda i'n gwneud yn siŵr fod 'na ddigon yn y rhewgell cyn diwedd y tymor.

Crymbl riwbob

Fy hoff fath o grymbl. Mae'r rysáit yma'n un syml ac, wrth gwrs, gallwch roi unrhyw ffrwyth o dan y briwsion euraidd (hyd yn oed banana!)

Y gwaelod:

Tua 400g (16 owns) o riwbob
75g (3 owns) o siwgwr

Y Crymbl:

150g (6 owns) o flawd plaen
75g (3 owns) o farjarîn
75g (3 owns) o siwgwr

Cynheswch y popty i nwy 5, 190°C / 375°F

Hidlwch y blawd i bowlen gymysgu. Ychwanegwch y siwgwr a'r marjarîn a rhwbio'r cynhwysion hefo'i gilydd nes y byddan nhw'n edrych fel briwsion.

Sleisiwch y riwbob (tua 1cm o drwch) a rhowch mewn powlen all fynd i'r popty. Sgeintiwch y siwgwr ar ei ben.

Rhowch y briwsion ar ben y riwbob, gan wneud yn siŵr fod y briwsion yn gorchuddio'r riwbob a'r top yn edrych yn lefel, neu mi fydd y crymbl yn coginio'n anwastad.

Rhowch yn y popty am tua 35 munud.

Mwynhewch gyda hufen iâ neu gwstard.

Catwad (Chutney) Riwbob

1 cilogram (2 bwys 4 owns) o riwbob
500g (1 pwys 2 owns) nionod
500g (1 pwys 2 owns) sultanas
500g (1 pwys 2 owns) siwgwr
  brown meddal
Sudd 2 lemon
½ llwy de o bupur cyfan (peppercorns)
½ llwy de o hadau coriander
2 llwy de o garam masala
3 clôf garlleg
20g (¾ owns) halen
Darn 3cm o sunsur ffres
250ml (tua ½ peint) o finegr gwin gwyn

Torrwch y riwbob yn ddarnau 1cm o hyd a'u rhoi mewn sosban fawr.

Torrwch y nionod a rhowch y rhain yn y sosban hefyd.

Ychwanegwch weddill y cynhwysion ac yn araf, a dewch â'r cyfan i'r berw.

Trowch y gwres i lawr a mudferwi'n ysgafn nes bydd y cyfan yn drwchus ac yn flasus – tua hanner awr.

Tynnwch y sosban oddi ar y gwres.

Tynwch y sunsur allan o'r catwad a rhannu'r cymysgedd rhwng potiau wedi eu sterileiddio.

Wedi i chi wneud eich jamiau a'ch catwadau, be am eu rhoi fel anrhegion Nadolig i deulu a ffrindiau? Neu gallwch ffeirio rhai ohonyn nhw am gynnyrch ffrindiau sydd wedi gwneud jam neu gatwad gwahanol i chi, yn lle bod ganddoch chi ormod o'r un peth.

Catwad Pwmpen
(Marrow Chutney)

Ffefryn yn ein pantri ni. Mae'n cadw'n ffantastig ac yn mynd efo bob dim, bron iawn, yn enwedig brechdan ham.

> tua 3·6 cilogram (8 pwys) o bwmpen (*marrow*) wedi'i blicio a'i dorri'n ddarnau bach
> 50g (2 owns) halen
> 6 peint o finegr
> 300g (12 owns) siwgwr
> 50g (2 owns) tyrmeric
> 8 chilli wedi'u malu'n fân
> 1 llwy de o sunsur mâl
> 50g (2 owns) o fwstard sych
> Paratowch eich potiau.

Rhowch y cynhwysion i gyd mewn sosban fawr drom a'u berwi'n dda am 10 munud, nes bydd cnawd y bwmpen wedi dechrau mynd yn feddal. Yna arllwyswch y catwad yn ofalus i'r potiau poeth a chau y caeadau yn dynn.

Jin Eirin Tagu (Sloe Gin)

Yr hiraf mae'r ddiod yma'n cael ei gadael i fwydo ac aeddfedu, y gorau y blas ar y diwedd. Felly ewch i gasglu'r ffrwythau rŵan ac mi gewch ei fwynhau erbyn Dolig y flwyddyn nesa!

> 500g (1 pwys 2 owns) eirin tagu
> 100g (3½ owns) siwgwr
> 1 litr (1¾ peint) jin
> Rhinflas almwn

Tynnwch y coesyn oddi ar y ffrwythau bychan a phigwch yr eirin yn dda efo pin.

Rhowch y ffrwythau a'r siwgwr mewn jar neu botel ac ysgydwch yn dda. Wedi ysgwyd, llaciwch y caead. Gwnewch hyn yn ddyddiol am 3 diwrnod, nes bydd y ffrwythau'n dechrau gollwng eu sudd.

Ychwanegwch y jin ac ychydig ddafnau o'r rhinflas almwn. Caewch y caead yn dynn,

a rhowch y botel mewn lle tywyll am 3 mis, gan ei hysgwyd yn fisol.

Mae angen rhoi'r hylif drwy ffilter neu fwslin cyn ei botelu. Wedi gwneud hyn rhaid gadael i'r jin aeddfedu am 6 mis ychwanegol cyn ei yfed.

Tyner-lwyn porc (tenderloin) mewn saws jin eirin tagu hufennog

Rŵan eich bod chi wedi gwneud eich jin eirin tagu eich hun gallwch ei ddefnyddio yn y rysáit yma. Be well! Os oes ganddoch chi ddigon o amser, mae'n werth rhoi'r porc mewn jin eirin tagu am ddiwrnod neu ddau cyn ei goginio.

> 2 dyner-lwyn porc, neu ffiled
> 25g (1 owns) menyn
> 1 llwy fwrdd o olew
> 1 sialotsyn (shallot) wedi ei sleisio'n fân
> 150ml (¼ peint) jin eirin tagu
> 300ml (½ peint) stoc eidion
> 150ml (¼ peint) hufen dwbwl
> Pupur a halen

Rhowch bupur a halen ar y porc a'i frownio'n sydyn yn y menyn a'r olew, mewn dysgl gaserol drom (un efo caead).

Tynnwch y porc allan, trowch y tymheredd i lawr ac yn yr un braster coginiwch y sialotsyn yn ysgafn.

Rhowch y porc yn ôl yn y ddysgl ac arllwyswch y jin a'r stoc ar ei ben. Mud-ferwch yn ysgafn am tua 20 munud. Tynnwch y cig allan, ei lapio mewn ffoil a'i roi i un ochor i gadw'n gynnes.

Mae angen haneru maint yr hylif sydd yn y ddysgl drwy ei ferwi dros wres uchel. Wedi hyn, ychwanegwch yr hufen a haneru maint yr hylif eto yn yr un modd.

Gallwch weini'r porc a'r saws ar wahân, neu dorri'r cig yn sleisys tewion a'i roi yn ôl yn y saws. Mi fydda i yn cynnig brocoli a thatws stwnsh efo hwn. Perffaith bob tro.

Jeli Criafolen (Rowanberry)

Mi fydda i wrth fy modd yn defnyddio'r jeli yma pan fyddaf yn gwneud saws neu grefi i fynd efo helgig (*game*). Mae o'n lyfli hefyd ar ochor y plat gyda phei neu terrine helgig.

> 1.3 cilogram (3lb) o aeron y griafolen wedi eu tynnu oddi ar y coesau a'u golchi
> 300ml (½ peint) o ddŵr
> Sudd 1 lemon
> 1 pwys o siwgwr i bob peint o hylif

Rhowch yr aeron mewn sosban efo'r dŵr a'u berwi'n ysgafn nes bydd y ffrwythau'n dyner.

Tywalltwch y cwbwl i mewn i fag jeli i straenio dros nos.

Mesurwch yr hylif a rhowch o'n ôl yn y sosban. Ychwanegwch sudd y lemon a phwys o siwgwr i bob peint o hylif.

Cynheswch yr hylif yn araf gan ei gymysgu nes bydd y siwgwr wedi toddi.

Pan fydd hyn wedi digwydd, berwch yr hylif yn sydyn nes bydd wedi cyraedd y pwynt lle bydd yn setio.

Arllwyswch y jeli i botiau jam cynnes a rhoi'r caead arnyn nhw.

Cawl sgwash cneuen fenyn (butternut squash) a garlleg

Cawl i gynhesu'r galon ar ddyddiau hydrefol, oer. Mae hon eto yn rysáit syml iawn a gallwch ychwanegu chilli i'r tun rhostio os dymunwch.

> 2 sgwash cneuen fenyn wedi eu haneru ar eu hyd a'r hadau wedi eu tynnu allan.
> 5 clôf o garlleg (mwy os leciwch chi)
> Un chilli – ddim yn angenrheidiol!
> Olew olewydd
> Stoc llysiau

Rhowch yr haneri sgwash mewn tun rhostio mawr efo'r croen at i lawr.

Rhowch y garlleg yn y tun hefyd (a'r chilli os ydach chi'n ddewr!)

Sgeintiwch ddigon o olew dros y cyfan a'i roi yn y popty ar dymheredd o tua nwy 5, 180°C / 350°F am rhyw awr.

Tynnwch y tun o'r popty ac wedi i'r sgwash oeri tynnwch y croen a rhowch y cnawd mewn sosban, efo'r garlleg.

Ychwanegwch y stoc, chydig bach ar y tro, a defnyddiwch hylifwr llaw i'w gael i'r trwch delfrydol i chi.

Cynheswch y cawl a'i fwynhau efo bara fres.

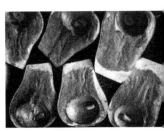

Mis Hydref

Mis Hydref

Mae'r misoedd yn hedfan heibio, a bellach tydan ni ddim callach be mae'r tywydd yn mynd i'w wneud! Mi allwn gael Ha' Bach Mihangel neu rew caled, felly mae'n werth paratoi am y gwaethaf. Fydda i ddim yn plannu dim yn y patsh o'r mis yma tan ddechrau'r flwyddyn nesa, felly gwaith cynnal a chadw ydi'r flaenoriaeth yn yr ardd.

Mis Hydref

Gan ein bod ni mewn lle agored iawn, rydan ni'n reit sicr o gael gwyntoedd cryf iawn o fis Tachwedd ymlaen, felly rhaid gwneud yn siŵr fod pobman yn saff.

Tacluso

Os oes twnnel plastig acw, mae'n werth mynd o'i gwmpas er mwyn gwneud yn siŵr fod y bolltiau sy'n dal y ffram efo'i gilydd mewn cyflwr da ac yn dynn, ac os oes 'na rwygiadau yn y plastig, rhowch batshyn arno (ar y tu mewn a'r tu allan). Rhaid disgwyl am ddiwrnod sych i wneud hyn, ac mae'n bosib cael y tâp trwsio o unrhyw ganolfan arddio. Gwnewch yn siŵr hefyd y gallwch chi gau'r drysau'n dynn – tydach chi ddim isio i'r gwynt chwythu i mewn i'r twnnel a'i godi oddi ar ei seiliau!

Mae'n syniad rhoi sylw i'r tŷ gwydr hefyd. Mi ddylai hwn fod yn wag erbyn mis Hydref. Os oes unrhyw domatos heb aeddfedu yna torrwch y gangen oddi ar y planhigyn a'i hongian mewn lle cynnes yn y tŷ. Ond peidiwch ag anghofio bod tomatos gwyrdd yn gwneud catwad neu relish neis iawn!

Wedi gwagio'r tŷ gwydr, ewch ati i'w lanhau hefo dŵr a diheintydd neu *bleach*. Sgwriwch y llawr a'r ffenestri'n dda ac agorwch y tyllau awyru er mwyn i'r lle gael sychu. Wedi gwneud hyn, archwiliwch bob twll a chornel i wneud yn siŵr nad oes difrod. Os oes paneli gwydr wedi cracio neu dorri, rhowch ddarn o bren yn eu lle nes daw'r gwanwyn (does dim diben prynu gwydr newydd tan y gwanwyn, rhag ofn i chi gael difrod dros y gaeaf). Yna, caewch y drysau yn dynn tan y flwyddyn nesa.

Ar ddiwrnodau sych, ystyriwch roi côt o baent neu farnais i unrhyw sied neu ffens sy'n dechrau dangos ôl traul. Mae'n well gwneud hyn cyn iddyn nhw ddechrau pydru – mi fyddan nhw'n para'n hirach wedyn.

Llysiau Gwraidd

Cofiwch godi eich tatws prif gnwd erbyn canol y mis. Palwch nhw i fyny'n ofalus, gan eu gosod allan i sychu, a'u storio mewn bagiau mewn llecyn oer, tywyll na fydd yn cael rhew. Unwaith eto, os ydach chi'n digwydd rhoi fforch drwy unrhyw lysieuyn, defnyddiwch y rheini'n syth neu mi fyddan nhw'n pydru.

Manion

Os oes ganddoch chi lwyni, yna rhowch un toc bach iddyn nhw cyn y gaeaf. Wedi i chi wneud hyn, mae'n syniad glanhau eich tŵls a'u harchwilio rhag ofn eu bod angen eu trwsio.

Mae'r dail wedi disgyn oddi ar y coed felly mae'n werth eu casglu i wneud deilbridd (*leaf mould*). Mae gen i fae sgwâr wedi ei wneud o bedwar polyn ffens a weiran cwt ieir i roi'r dail – a dim ond dail sy'n cael mynd iddo fo. Mae dail yn cymryd mwy o amser i bydru na deunydd gwyrdd arferol – rhwng un a thair blynedd, yn dibynnu ar y math o ddail – wedyn gallwch ei ddefnyddio ar eich pridd.

Mae'n amser hefyd i feddwl am y bywyd gwyllt fydd yn dibynnu ar ein caredigrwydd dros y gaeaf sydd ar fin cyrraedd:

- Mae'n syniad da rhoi bwrdd adar allan, neu wneud un, gan gofio ychwanegu rhywle i ddal dŵr yfed iddyn nhw.

- Oes ganddoch chi le i roi twmpath o frigau a bonion coed mewn rhyw gornel er mwyn i lyffantod gael lle clyd i gysgu dros y gaeaf?

Plannu Bylbiau'r Gwanwyn

Ar ôl haf lliwgar yn yr ardd, mae'n bryd meddwl am y misoedd llwm o'ch blaen. Y ffordd orau o greu gardd sy'n edrych yn neis ym misoedd cynta'r flwyddyn ydi drwy blannu bylbiau yn yr hydref. Rŵan ydi'r amser i blannu'r blodau canlynol, sy'n blodeuo yn y gwanwyn, cyn i'r ddaear ddechrau rhewi a chaledu. Cewch wledd wedyn pan fyddwch yn edrych allan i'r ardd o glydwch eich tŷ, a does dim yn well na blodau'r gwanwyn i ysgogi rhywyn i fynd allan i'r ardd yn yr oerni!

- Daffodil

- Lili'r Maes (*Lily of the Valley*)

- Hiasinth

- Clychau'r Gog

- Dail Pen Neidr (*Snake's Head Fritillary*)

- Tiwlip

Storio llysiau'r hydref

Peidiwch â gwastraffu dim! Os na fedrwch wneud defnydd o lysiau'r hydref yn syth, dyma sut i'w cadw:

Betys

Mae'n well codi betys rhwng misoedd Gorffennaf a Hydref. Mae angen troi'r dail oddi wrth y llysieuyn rhag i'r betys waedu. Mae nifer o wahanol ffyrdd o gadw betys:

Rhewi – defnyddiwch fetys bychan a'u berwi yn gyfan am tua 2 awr mewn dŵr gydag ychydig o halen ynddo, cyn rhwbio'r croen i ffwrdd, eu sleisio a'u rhoi mewn bocsys yn y rhewgell.

Piclo – Berwi'r betys fel uchod a rhwbio'r croen i ffwrdd. Gallwch eu sleisio neu eu storio'n gyfan os ydi'r betys yn rai bychan. Rhowch nhw mewn jar a'u gorchuddio gyda finegr. Gallwch ddefnyddio'r betys ar ôl eu gadael am wythnos, ond mi wnân nhw gadw am tua 3 mis.

Storio'n sych – Yn ofalus, tynnwch y pridd oddi ar y betys a'u pacio mewn bocsys llawn tywod sych. Cadwch y bocsys mewn lle reit oer, sy'n saff rhag rhew, ac mi ddylai'r llysiau gadw'n dda tan y gwanwyn.

Sbrowts

Casglwch y sbrowts pan fyddan nhw'n ifanc a thynnwch eu dail allanol. Eu berwi am 2 funud cyn eu hoeri a'u rhoi mewn bagiau yn y rhewgell.

Bresych

Gallwch gadw bresych y gaeaf (sydd yn cael eu codi at ddiwedd yr hydref) mewn cratiau. Tynnwch y dail allanol a'u rhoi yn y cratiau wedi eu pacio efo gwellt neu bapur wedi ei falu'n fân. Cadwch y cratiau mewn lle oer a sych, ac mi ddylai'r bresych gadw tan y gwanwyn.

Gallwch rewi bresych hefyd. Wedi golchi'r dail a'u torri'n fân, eu berwi am 2 funud cyn eu rhoi mewn bagiau yn y rhewgell. I'w defnyddio wedyn, rhaid eu berwi am tua 5 munud.

Moron

Mae moron yn hawdd i'w cadw. Gallwch eu sleisio a'u berwi am 5 munud, cyn eu rhoi mewn bagiau yn y rhewgell. Pan fyddwch isio eu defnyddio rhaid eu berwi eto am 10 munud, neu eu rhoi'n syth mewn lobsgows neu gaserol.

Gallwch eu storio'n sych hefyd, mewn tywod. Codwch y moron ym mis Hydref, glanhau'r pridd oddi ar y moron a thorri'r dail oddi arnyn nhw. Paciwch nhw'n ofalus mewn bocsys tywod sych a'u cadw mewn man oer sy'n saff rhag rhew. Mi ddylian nhw gadw tan y gwanwyn.

Garlleg a nionod

Unwaith y bydd dail y planhigion garlleg a nionod wedi dechrau gwywo mae'n amser i'w codi a gadael iddyn nhw sychu yn yr haul.

Wedi iddyn nhw sychu bydd yn rhaid rhwbio'r pridd oddi arnyn nhw, yna gallwch eu cadw mewn lle oer a sych (nid yn y gegin, neu mi fyddan nhw'n dechrau egino).

Gallwch rewi garlleg a nionod hefyd, wrth dynu'r croen allanol, torri'r dail a'r gwreiddyn yna'i roi yn y prosesydd bwyd a'i chwalu'n fân. Rhowch y stwnsh mewn bagiau yn y rhewgell a bydd yn dadmer yn sydyn iawn mewn padell boeth.

Cennin

Mae cennin yn wydn iawn a gallwch eu gadael yn y pridd nes byddwch chi eu hangen. Ond rhewi ydi'r unig ffordd o'u cadw wedi i chi eu codi.

Wedi torri'r top a'r gwaelod i ffwrdd a thynnu'r dail allanol, rhaid eu golchi i gael gwared ar unrhyw bridd sydd rhwng y dail.

Sleisiwch nhw'n drwchus cyn eu berwi am 3 munud. Rhowch nhw mewn bagiau yn y rhewgell. I'w defnyddio, rhaid eu berwi am tua 8 munud.

Pannas

Gall pannas eto aros yn y pridd nes byddwch chi eu hangen. Mae ychydig o rew yn datblygu blas melys ar y pannas felly mae hynny'n rheswm dros beidio â'u codi'n rhy gynnar.

I rewi, rhaid eu plicio a thorri'r cnawd yn ddarnau cyn ei ferwi am 3 munud a'i rewi mewn bagiau. I'w coginio wedyn, rhaid berwi'r pannas am tua 10 munud, neu eu hychwanegu yn syth i gaserol neu stiw.

Gallwch eu storio'n sych hefyd mewn bocsys tywod, a'u cadw mewn lle oer.

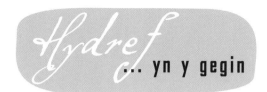

Hydref ... yn y gegin

Oen 5 awr

Mae hwn yn ginio cyfan mewn un sosban (neu bot). Mi fydda i'n coginio hwn drwy'r hydref. Dim ond rhyw hanner awr mae o'n ei gymryd i'w baratoi, wedyn mae ganddoch chi 5 awr i wneud fel y mynnoch. Ewch am dro efo'r teulu neu ymlaciwch o flaen y tân.

> Coes oen
> Blawd plaen efo pupur
>   a halen ynddo
> Olew olewydd
> Sbrigyn o rosmari
> 6 clôf garlleg wedi eu plicio
> 2 nionyn coch wedi eu chwarteru
> 5 moronen fawr wedi eu torri'n
>   ddarnau mawr
> 3 pannas mawr wedi eu torri'n
>   ddarnau mawr
> 5 taten fawr wedi eu torri'n
>   ddarnau mawr
> Potel o win gwyn

Mi fydda i'n defnyddio tun mawr enamel (*self basting tin*) i goginio'r pryd yma, ond os oes ganddoch chi sosban fawr, drom, y gallwch ei rhoi yn y popty, mi fedrwch chi selio'r cig yn honno, fel nad oes angen defnyddio padell ffrio.

Cynheswch y popty i nwy 3, 170°C / 325°F

Rhwbiwch y cig efo'r blawd a'i frownio drosto yn yr olew mewn padell ffrio.

Rhowch y cig yn y tun ac ychwanegwch y llysiau, rhosmari a garlleg o'i gwmpas.

Arllwyswch y gwin gwyn i'r tun, a llenwi'r botel wag efo dŵr. Arllwyswch hwn eto i'r tun.

Rhowch y tun ar y gwres nes bydd yr hylif yn berwi. Rhowch y caead arno a'i roi yn y popty am 5 awr.

Wedi 5 awr tynnwch y cig a'r llysiau o'r tun, a defnyddiwch yr hylif i wneud grefi.

Saws Mintys

Mae hwn yn hynod o syml i'w wneud ac yn mynd yn arbennig o dda efo'r oen 5 awr.

> Llond llaw o fintys o'r ardd
>   (tynnwch y dail oddi ar y coesyn)
> Finegr
> Siwgwr (tua llond llwy de)

Torrwch y dail mintys yn fân efo'r siwgwr. Mi fedrwch chi ddefnyddio cyllell finiog neu eu rhoi mewn prosesydd bwyd.

Ychwanegwch y finegr yn araf gan flasu ar ôl pob ychwanegiad. Peidiwch â rhoi gormod o finegr neu mi fyddwch yn colli blas y mintys.

Bydd y saws yma'n cadw'n dda mewn jar am tua 3 mis.

Tatws Dauphinoise

Tatws, garlleg ac ychydig o hufen. Bendigedig. Dwi'n hoff iawn o dauphinoise.

Mae o'n swnio'n beth crand iawn ond, fel arfer, mae'n hynod o syml i'w wneud. Os oes ganddoch chi declyn o'r enw mandolin, sef peiriant sydd yn eich galluogi i chi sleisio llysiau yn denau iawn, yna mae'n mynd i fod yn handi iawn rŵan. Mi allwch ei weini gydag unrhyw gig.

3 clôf o garlleg wedi eu stwnsio
900g (2 bwys) o datws blawdiog
    wedi eu plicio a'u sleisio'n denau
300ml (½ peint) o hufen dwbwl
Pupur a halen

Cynheswch y popty i nwy 3, 170°C / 320°F

Rhowch yr hufen a'r garlleg mewn jwg.

Mewn dysgl wedi ei rhwbio gyda chydig o fenyn, ewch ati i wneud haenen allan o hanner y tatws, sgeintiwch ychydig o bupur a halen arnynt ac arllwys hanner yr hufen drostynt.

Rhowch weddill y tatws yn y ddysgl a'u gorchuddio efo'r hufen sydd ar ôl.

Rhowch damaid o ffoil wedi ei iro ar ben y ddysgl cyn ei rhoi yn y popty am ¾ awr.

Tynnwch y ffoil a choginio am ¾ awr ychwanegol, nes bod y top yn euraidd a'r tatws yn feddal.

Stiw cwningen

Pryd bach arall sy'n dda at yr hydref neu'r gaeaf. Mae rwbath yn braf iawn am gael lluchio bob dim i mewn i un ddysgl heb orfod potshan efo amseroedd, pwyso cynhwysion ac yn y blaen. Bwyd syml a blasus, a dim ond un ddysgl i'w golchi wedyn!

Un gwningen
Blawd efo pupur a halen ynddo
Olew neu fraster
Un nionyn wedi ei dorri'n fân
450g (1 pwys) o lysiau gwraidd cymysg
1 llwy fwrdd o purée tomato
1 llwy de o Marmite
½ llwy de o berlysiau cymysg
Peint o seidr
Hanner peint o stoc cyw iâr
Pupur a halen

Cynheswch y popty i nwy 3, 160°C / 325°F

Defnyddiwch y ddysgl caserol fwya sydd ganddoch chi er mwyn rhoi'r gwningen ynddi'n gyfan. Os ydi'r gwningen yn rhy fawr, torrwch hi'n ddau ddarn rhwng y coesau ôl a'r ysgyfaint.

Rhwbiwch y blawd dros y gwningen.

Cynheswch yr olew yn y ddysgl caserol a browniwch y gwningen drosti.

Tynnwch y gwningen o'r ddysgl a'i rhoi i un ochor.

Coginiwch y nionyn yn y ddysgl efo'r olew sydd ar ôl.

Rhowch y gwningen yn ôl ac ychwanegwch y llysiau gan eu stwffio o'i chwmpas ac ar ei phen.

Ychwanegwch weddill y cynhwysion, rhowch gaead ar y ddysgl a'i rhoi yn y popty am ddwy awr.

Codwch y gwningen allan a thynnwch y cig oddi ar yr esgyrn. Byddwch yn ofalus – mae nifer o esgyrn bach iawn mewn cwningen.

Rhowch y cig yn ôl yn y ddysgl a chynesu'r cyfan drwyddo ar yr hob.

Mwynhewch gyda thatws a llysiau o'r ardd, neu hyd yn oed basta.

Gallwch roi'r stiw yma o dan grwst, neu ychwanegu twmplenni (*dumplings*).

Mis Tachwedd

Mis Tachwedd

Mae'r gaeaf wedi cyraedd, a'r dyddiau byr yn aml yn oer, yn wlyb ac yn wyntog. Ella eich bod wedi dallt erbyn hyn nad ydw i'n hoff iawn o'r tymor yma – ond dwi'n dal ati ac yn gwisgo het a chôt gynnes i fynd allan i'r ardd.

Mis Tachwedd

Mae'n debyg fod y rhew cyntaf wedi hen basio, felly gallwch godi'ch pannas rŵan, yn sicr eu bod yn felys neis.

Os allwch chi gael tail ffres, yna mae Tachwedd yn amser da i'w roi ar y pridd. Mi gaiff ddigon o amser i bydru a bydd y rhew a'r glaw yn helpu'r maeth i lifo ohono i'r pridd.

Os oes ganddoch chi cêl yn dal i dyfu, yna mae'n werth eu clymu i rwbath fel ffon bambŵ go solet i'w dal i fyny.

Gan nad oes llawer yn tyfu yr amser yma o'r flwyddyn, be am roi cynnig ar dyfu madarch? Os na allwch gael gafael ar un o flociau tyfu Cynan Jones (gweler Medi) mae amrywiaeth eang o becynnau tyfu madarch ar gael ar y we.

Mae'n amser da i wahanu riwbob tra maent yn cysgu. Os oes ganddoch chi wreiddyn mawr yna hanerwch o, neu ei dorri i chwarteri hefo rhaw. Plannwch y darnau yn eu safleoedd terfynol a'u gorchuddio efo pridd a thail.

Os nad ydach chi wedi gwneud hynny cyn hyn, mae'n werth cynnal a chadw eich tŵls.

- Glanhau rhawiau a ffyrch efo brwsh weiran.

- Sgwrio eu coesau a'u handlenni pren cyn rhoi ychydig o olew had llin (*linseed oil*) arnyn nhw i'w cadw mewn cyflwr da tan y gwanwyn.

- Rhoi chydig o olew ar sisyrnau tocio rhag iddyn nhw rydu a chloi.

- Ystyriwch yn fanwl pa dŵls rydach chi wedi eu defnyddio fwyaf yn ystod y flwyddyn, ac ydach chi angen rhai newydd neu wahanol ar gyfer y flwyddyn nesa. Syniadau am bresant Dolig ella?

Ewch trwy eich pacedi hadau a lluchio popeth sydd wedi pasio'i ddyddiad hau, hanner pacedi sydd wedi eu hagor ers tro, a phacedi heb label arnyn nhw. Gwnewch nodyn o'r hyn sydd ganddoch chi ar ôl fel na fyddwch yn prynu mwy o'r un peth y tro nesa.

Tocio

Afalau a Gellyg

Dylai coed afalau a gellyg gael eu tocio bob gaeaf i sicrhau cnwd da o ffrwythau y tymor canlynol. Os nad ydi coed yn cael eu tocio maent yn mynd yn llai cynhyrchiol ac yn llawn hen ganghennau. Dydi tocio ddim yn anodd – y bwriad ydi creu siâp cwpan agored efo fframwaith o tua pum prif gangen.

Dylid tocio pan fydd y goeden yn segur, rhwng cwymp y dail ac ymddangosiad y blagur (fel arfer rhwng Tachwedd a dechrau Mawrth).

Sut i'w tocio

Mae angen defnyddio siswrn tocio miniog, offer tocio a llif docio.

Dechreuwch drwy gael gwared ar ganghenau sy'n croesi, yn rhwbio, yn wan, wedi marw, yn afiach neu yn dangos arwyddion o ddifrod.

Cadwch ganol y goeden yn agored drwy gael gwared ar ganghennau mawr gyda llif docio finiog. Os oes angen cael gwared ar lawer o ganghennau mawr, gwnewch y gwaith dros ddau neu dri gaeaf oherwydd mae tocio caled iawn yn annog hyd yn oed mwy o dyfiant.

Rhaid lleihau uchder y goeden a lled unrhyw ganghennau sydd wedi tyfu'n rhy fawr drwy eu torri'n ôl i gangen is sydd ag egin arni.

Ceirios

Mae tri grŵp o goed ceirios, ac mae'n bwysig gwybod pa un sydd ganddoch chi, oherwydd maent yn cael eu tocio mewn ffyrdd gwahanol.

- Mae'r mwyafrif yn geirios melys, sy'n deillio o'r *Avium prunus*, sef y ceirios gwyllt Ewropeaidd.

- Mae grŵp bach o fathau a elwir yn geirios 'Duke', megis y *May Duke*, yn cael eu tocio yn yr un ffordd.

- Mae ceirios asid fel Morello wedi eu datblygu o goed ceirios bychan (*dwarf*) o de-ddwyrain Asia, *Prunus cerasus*, ac maent yn cael eu tocio'n gwbl wahanol unwaith maen nhw'n aeddfed.

Dylid tocio ceirios yn ystod y tymor tyfu. Mae hyn yn lleihau'r risg o ddatblygu clefyd y ddeilen arian, sydd fwyaf cyffredin yn y gaeaf. Gwell tocio coed ifanc a choed sydd angen eu harwain (*train*) yn y gwanwyn, fel mae'r blagur yn dechrau datblygu. Mae'n well gwneud gwaith tocio arall i gywiro problemau ac annog ffrwytho yn yr haf.

Mae tocio i arwain tyfiant yr un fath ar gyfer pob math o geirios. Gallwch eu harwain i dyfu naill ai fel coeden fach annibynnol neu lwyn, neu fel ffan ar wifrau 30cm neu lai ar wahân. Gall y gwifrau fod yn erbyn wal – sydd â manteision ychwanegol megis gwarchod y goeden a storio gwres yr haul.

Arwain tyfiant llwyni: ceirios melys ac asid

Yn ystod y tymor tocio cyntaf rhaid cael gwared ar bob un ond pedwar egin sydd am ffurfio'r prif ganghennau. Dewiswch ganghennau sydd 8 modfedd neu fwy ar wahân ar fonyn y goeden. Yn ystod yr ail a'r trydydd tymor tocio, dewiswch un neu ddwy o ganghennau eraill i ychwanegu at y prif ganghennau. Erbyn y pedwerydd tymor tocio, dylai bod siap da i'r goeden gyda chanol agored, a changhennau'n tyfu'n gyfartal o amgylch y bonyn. Tociwch unrhyw ganghennau ychwanegol er mwyn creu siâp hafal. Wrth i'r goeden aeddfedu, tociwch unrhywbeth nad yw'n tyfu ar y prif ganghennau. Os nad ydi'r goeden yn cynhyrchu ffrwythau o ansawdd da, yna rhaid meddwl am docio'r egin sydd ar bennau'r canghennau. Efallai bydd angen i chi dorri canghennau yn ôl ar ben y goeden i'w byrhau. Pan fyddwch chi'n tocio, gwnewch eich toriadau ar ongl ac yn wastad efo'r goeden er mwyn osgoi niweidio'r bonyn.

Cyraints a gwsberis / eirin Mair

Mae angen tocio llwyni cyraints a gwsberis yn y gaeaf (Tachwedd i Ionawr). Os ydach chi'n cofio'r rhesymau yma dros docio, yna bydd y cyfan yn dod yn llawer haws:

- Denu golau ac aer i mewn i ganol y llwyn, gan fod hyn yn leihau'r siawns o ddatblygu clefyd. Mae hefyd yn golygu y medrwch chi gyrraedd yr holl ffrwythau hyfryd yn haws ac yn gynharach yn y tymor.

- Cadw'r canghennau'n glir o'r ddaear. Triwch ragweld pa mor isel y byddan nhw'n plygu pan fyddan nhw'n llawn ffrwythau.

- Tocio i greu siâp. Os oes ganddoch chi lwyn sydd â sawl coes yn codi o'r ddaear, yna rydach chi'n anelu at greu fframwaith o ganghennau sy'n tyfu i ffwrdd o'r canol. Os oes ganddoch chi lwyni sy'n tyfu ar goes sengl, yr amcan ydi creu a chynnal siâp cwpan. Y naill ffordd neu'r llall, rydach chi'n anelu at fframwaith o hyd at ddeg o brif ganghennau a changhennau byrrach ar hyd pob un.

- Tocio er mwyn annog tyfiant newydd – fel coed, mae llwyni'n mynd yn llai cynhyrchiol ar ôl tair neu bedair blynedd.

Tachwedd
... yn y gegin

Ffesant

Dyma'r tymor i hela ffesant. Dwi'n
hynod o ffodus fy mod wedi cael
fy magu ar fferm, a gan bod sawl
un o'r teulu'n saethu, mae hela yn
dod yn eitha naturiol i mi.

Roedd Mam a Dad yn saethu, ac mi
ddechreuais i saethu colomennod clai efo'r
Ffermwyr Ifanc ar fferm Geraint Roberts,
Tai Hen. Roedd o'n gyfnod braf iawn. Wrth
i mi fynd yn hŷn, ro'n i'n saethu colomennod
clai yn ddyddiol ac yn mwynhau cystadlu.
    Yn fy marn i, mae'n bwysg ymarfer
saethu cyn i'r tymor ddechrau, achos tydw
i ddim isio niweidio unrhyw anifail yn
ddiangen. Dim ond saethu be dwi ei angen
i'w fwyta fydda i.

Mae trin yr aderyn yr un mor bwysig â'r
saethu – os na wnewch chi hyn, mae'r deryn
yn cael ei wastraffu. Dyma, yn fras, sut mae
mynd o'i chwmpas hi. Tydw i ddim am
fanylu'n ormodol – nid pawb sydd mewn
sefyllfa i wneud y gwaith, nag isio gwneud
hynny.

- Hongian – pwysig er mwyn aeddfedu'r
  cig. Mae pawb yn hongian am gyfnodau
  gwahanol, ond am ddau ddiwrnod ar
  y mwya fydda i'n hongian. Dwi'n cofio
  hen hanesion gan Taid am bobol yn
  eu hongian am 10 diwrnod, ond dwi'n
  siŵr y bysa'r cig yn dechrau mynd yn
  ddrwg erbyn hynny!

- Pluo – dal yr aderyn a'i ben i lawr a
  gafael yn dynn mewn tocyn bach o
  blu ar y tro, plycio'n sydyn at i lawr.

- Tynnu plu'r gynffon hir yn ofalus.
  Mi fydda i yn hoffi defnyddio'r rhain
  fel addurn, a'u rhoi yn ôl ar yr aderyn
  wedi iddo gael ei rostio.

- Torri'r adenydd, y coesau a'r gwddw.

- Diberfeddu – mae'n rhaid gwneud
  hyn cyn coginio neu rewi.

Mewn oes lle mae hi mor hawdd mynd i'r archfarchnad heb orfod meddwl ddwywaith am darddiad cig, sut mae'r anifail wedi byw a sut y bu farw, dwi'n cael pleser o fod yn rhan o'r holl broses o'r dechrau i'r diwedd. Mi fysa'n well gen i dreulio'r bore'n saethu un ffesant, y prynhawn yn ei baratoi ac awr yn ei goginio, na gyrru am ddeng munud i'r archfarchnad i wario £10 ar ddarn o gig llawn dŵr a chemegion – a darganfod ar ôl ei goginio nad oes llawer o flas arno fo!

Ffesant efo Hufen Brandi

Mae'r rysáit yma'n swnio'n ffansi ond mae'n hynod o syml, sydyn a blasus ar noson dywyll yn y gaeaf. Gan mai ond cig y frest sy'n cael ei ddefnyddio, does dim rhaid pluo a thrin y ffesant – gallwch dorri croen y frest efo siswrn cryf, miniog, a thorri'r cig oddi ar yr asgwrn. Neu ewch i weld eich cigydd lleol...

> 2 frest ffesant, pob un wedi
>   ei dorri'n 4 rhan.
> 2 lwy fwrdd o olew olewydd
> tua 100g (4 owns) o fenyn
> Pupur a halen
> 6 llwy fwrdd o frandi (gallwch
>   ddefnyddio mwy, neu lai, os dymunwch)
> 8 llwy fwrdd o hufen dwbwl
> Cennin syfi ffres wedi eu torri'n fân

Rhowch y menyn a'r olew mewn padell ffrio drom dros wres canolig.

Sgeintiwch bupur a halen yn ysgafn dros y cig a'i goginio yn y badell ffrio am 2 i 3 munud.

Ychwanegwch y brandi yn ofalus a'i gynnau (*flambée*) yn ofalus.

Ychwanegwch yr hufen a'i gymysgu'n dda. Ychwanegwch fwy o bupur a halen os oes angen.

Sgeintiwch y cennin syfi dros y saws.

Mi fydda i'n mwynhau'r pryd yma efo stwnsh tatws a phannas, a chydig o gêl yn syth o'r ardd.

Afalau pob

> 4 afal gwyrdd
> tua 100g (4 owns) o siwgwr brown
> 4 llwy fwrdd o fenyn
> Sinamon mâl

Cynheswch y popty i nwy 4, 180°C / 350°F

Gan ddefnyddio teclyn arbennig, tynnwch galon pob afal ond peidiwch â thyllu yr holl ffordd drwodd. Rydach chi isio creu twll.

Rhowch 2 lond llwy fwrdd o siwgwr ac 1 llond llwy fwrdd o fenyn i mewn ym mhob afal.

Rhowch yr afalau mewn dysgl bopty fas, yna sgeintio sinamon dros y cyfan.

Coginiwch am tua 15 munud nes bydd y siwgwr yn dechrau troi'n frown a'r afalau yn feddal.

Mi fydda i yn bwyta'r rhain efo cwstard, hufen iâ neu hufen wedi ceulo (*clotted cream*).

Mis Rhagfyr

Mis Rhagfyr

Ella mai hwn ydi mis ola'r flwyddyn, ond mae 'na un neu ddau o bethau ar ôl i'w gwneud yn yr ardd lysiau. Wedi i chi orffen y gwaith hwnnw, mi gewch ddiwrnod neu ddau o hoe i fwynhau'r Dolig yng nghwmni'r teulu!

Mis Rhagfyr

Os oes ganddoch chi bannas a chennin ar ôl yn y pridd, yna gwell eu codi a'u defnyddio neu eu storio.

Daliwch ati i godi dail i'w rhoi yn y domen ddeilbridd, a chofiwch ddal i droi eich compost er mwyn gwneud yn siŵr ei fod yn cael digon o aer. Os ydi o'n teimlo'n rhy sych, yna rhowch ddŵr arno – os ydi o'n rhy wlyb yna rhowch wellt neu bapur newydd wedi ei rwygo ynddo.

Os ydi hi wedi bwrw eira mae'n syniad ei frwsio oddi ar y tŷ gwydr yn ddyddiol. Gall pwysau lluwch mawr dorri'r chwareli yn eitha hawdd.

Ond chwarae teg, mae hi'n Ddolig – ac mi ydach chi wedi bod yn gweithio'n hynod o galed drwy'r flwyddyn. Rydach chi un ai wedi dechrau gardd lysiau o ddim byd, wedi newid cynllun eich gardd neu wedi rhoi cynnig ar dyfu llysiau mewn potiau. Mae hi wedi bod yn flwyddyn llawn hwyl a chynnyrch blasus. Manteisiwch ar y gwyliau bach yma a mwynhewch yr ŵyl – mi fydd hi'n wanwyn cyn pen dim ac yn amser torchi'ch llewys unwaith eto.

Eisteddwch yn eich hoff gadair a threuliwch awr neu ddwy yn mynd drwy'r catalogau hadau. Mae ymchwil trylwyr yn hanfodol wedi'r cwbwl! Mae nifer helaeth o gwmnïau yn cynhyrchu catalogau, ac un o'r pethau y gwnewch chi sylwi arno ym mhob un ydi'r adran *'New to this Season'*. Gimic? Ddim o angenrheidrwydd. Mae un fantais fawr i nifer o'r hadau a'r planhigion newydd yma – maen nhw'n gwrthsefyll pla.

Gall clefydau planhigion fod yn ddinistriol i gnydau llysiau. Gall hadau gael eu dinistrio cyn cael cyfle i dyfu. Mae'r gallu yma i wrthsefyll pla, boed yn naturiol neu o ganlyniad i ymyrraeth, yn cynnig sicrwydd ychwanegol i chi'r garddwr.

Gallwch wario'n ddrud bob blwyddyn ar fathau o lysiau sydd, erbyn heddiw, yn mynd i gael haint o ryw fath. Does dim diben trio tyfu'r un math flwyddyn ar ôl blwyddyn os nad ydyn nhw'n llwyddo –

gwell weithiau symud ymlaen a gweld
a all mathau newydd arbed pres a rhoi
gwell cnwd i chi. Ond cofiwch, peidiwch
ag anghofio'n llwyr am yr hen fathau o
lysiau. Mae traddodiad yn bwysig weithiau.

Dolig Llawen! Ella y daw Siôn Corn
â rotofetor newydd neu raw arbennig
i chi ... pwy a ŵyr!

Cofiwch, gallwch roi papurau Quality
Street ar y domen gompost. Maent wedi
eu gwneud o seliwlos. Chewch chi ddim
esgus gwell i orffen y tun i gyd!

Pwdin Dolig Nain

Dwi'n gwybod bod y rhan fwya o fy ryseitiau i yn eitha syml a di-drafferth, ond mae hwn yn werth y gwaith a'r ymdrech bôn braich. Cofiwch fod pawb yn y tŷ i gael tro ar droi'r cymysgedd a gwneud dymuniad wrth wneud.

    450g (1 pwys) o reisins
    350g (12 owns) o syltanas
    225g (8 owns) o gyraints
    110g (4 owns) o groen melys cymysg
      (*mixed peel*)
    50g (2 owns) o gnau almwn wedi'u malu
    1 moronen wedi'i gratio
    1 afal wedi'i gratio
    225g (8 owns) o friwsion bara gwyn
    110g (4 owns) o flawd plaen
    450g (1 pwys) siwat mâl (*shredded suet*)
    225g (8 owns) o siwgwr brown tywyll
    6 wy
    Sudd 1 lemon
    Llond llwy de o sinamon,
      sbeis cymysg a nytmeg
    Stowt i gymysgu

Rhowch y cynhwysion i gyd yn eich dysgl fwyaf. Dwi'n ffodus 'mod i wedi etifeddu dysgl bridd fy annwyl nain!

Cymysgwch yn dda ac ychwanegwch y stowt os ydach chi'n teimlo fod y cymysgedd yn rhy sych – ond byddwch yn ofalus rhag ychwanegu gormod!

Rhowch y cymysgedd mewn powlenni pwdin wedi eu hiro, gan eu llenwi yn ¾ llawn.

Rhowch bapur pobi (*greaseproof*) a ffoil dros geg y dysglau, a'u clymu'n dynn yn eu lle efo llinyn.

Bydd yn rhaid berwi'r pwdin am tua 5 awr i ddechrau, yna 3 awr ychwanegol ar ddiwrnod Dolig. Gallwch wneud y pwdin ddechrau mis Rhagfyr a'i ferwi am y 5 awr cyntaf, a bydd hyn yn ddigon i'w gadw tan ddiwrnod Dolig.

Saws Bara

Un arall at y myrdd o bethau i'w coginio erbyn y cinio Dolig, ond dwi wrth fy modd hefo saws bara. Mae'r rysáit yma wedi dod yr holl ffordd o Prestwick yn yr Alban, ac mae o'n llawn atgofion melys o giniawau Nadolig anferth. Llond tŷ neu ddim!

    425ml (¾ peint) o lefrith
    Pupur du
    ½ llwy de o halen
    3 clôf
    1 nionyn bach wedi ei sleisio
    Deilen lawryf
    1 owns o fenyn
    3 owns o friwsion bara

Rhowch bob dim heblaw'r briwsion bara a'r menyn mewn sosban.

Dewch â'r hylif bron i'r berw. Tynnwch oddi ar y gwres a gadewch i fwydo am o leia 20 munud.

Tywalltwch drwy ridyll.

Rhowch yn ôl ar y gwres ac ychwanegwch y menyn a'r briwsion bara. Cymysgwch yn dda.

Coginiwch dros wres isel am 20 munud. Ychwanegwch hufen os leciwch chi.

Gwin Gaeafol (Mulled Wine)

Tydi hi ddim yn Ddolig heb wydraid bach o hwn ar noson oer, ar ôl bod yn ymweld â'r teulu, neu ar ôl canu carolau.

- 4 potel o win coch da (llawn ei flas)
- tua 1.6 litr (3 pheint) o ddŵr
- 20 clôf, wedi eu rhoi mewn sach bach o ddefnydd
- 3 oren wedi eu sleisio
- 3 lemon wedi eu sleisio
- 225g (8 owns) o siwgwr
- 2 frigyn sinamon (cinnamon stick)

Rhowch y cynhwysion i gyd mewn sosban fawr a thoddwch y siwgwr dros wres isel.

Dewch â'r hylif i fudferwi a'i gadw'n gynnes am tua chwarter awr.

Peidiwch â'i ferwi neu mi fydd yr alcohol yn anweddu ohono!

Bisgedi i'r Goeden Nadolig

Mae'n rhaid cael addurniadau ar y goeden Dolig. Pam na wnewch chi rai bwytadwy? Mae'r plantos acw wrth eu boddau yn cael torri'r bisgedi yma allan a'u haddurno.

- 110g (4 owns) o flawd plaen,
- ½ llwy de o soda pobi (baking soda)
- 25g (1 owns) o siwgwr demerara
- 50g (2 owns) o farjarîn
- 75g (3 owns) o driog melyn / syrap
- 1 llond llwy de o sunsur mâl

Cynheswch y popty i nwy 5, 190˚C / 375˚F

Cymysgwch y siwgwr a'r marjarîn. Ychwanegwch y triog melyn a'r sunsur a'i gymysgu'n dda.

Hidlwch y blawd a'r soda pobi i mewn i'r bowlen a'i gymysgu'n dda unwaith eto.

Rhowch y cymysgedd ar fwrdd sydd wedi ei sgeintio efo dipyn o flawd. Gweithiwch y blawd i fewn i'r toes.

Rholiwch y toes i drwch o tua ¼ modfedd.

Defnyddiwch amrywiaeth o dorwyr (cutters), er enghraifft coed Nadolig, clychau, calonnau, sêr ac ati.

Rhowch y bisgedi ar astell bobi (baking sheet) a gwnewch dwll efo cyllell yn agos i ymyl pob un. Mi ddylai fod yn ddigon mawr i roi ruban drwyddo wedi i'r bisgedi oeri.

Rhowch yn y popty am tua 10 munud, nes byddan nhw'n euraidd a'r ymylon yn galed.

Wedi iddyn nhw oeri, addurnwch y bisgedi efo eisin o bob lliw. Gallwch brynu tiwbiau eisin o'r archfarchnad os leciwch chi – ella y bysa'r rhain yn creu llai o lanast os ydi'r plant yn helpu efo'r addurno!

Rhowch ychydig o ruban drwy'r twll ar ôl i'r eisin sychu, a'u hongian ar y goeden.

Hel a Chasglu

Mae Cymru yn wlad ffrwythlon tu hwnt, hefo amrywiaeth eang o gynnyrch gwyllt, bwytadwy. Mae pawb yn hoffi bargen – a chewch chi ddim gwell bargen na bwyd ffres nad oes raid i chi dalu ceiniog amdano! Rhowch gynnig ar hel o'r gwyllt, ond cofiwch nad oes ganddoch chi hawl i hel oddi ar dir preifat heb ganiatâd, a bod rhai planhigion na ddylech chi eu bwyta o gwbwl! Yn ogystal, peidiwch â hel mwy nag y gallwch chi ei ddefnyddio, a chofiwch fod aeron a ffrwythau yn fwyd hanfodol i adar ac anifeiliaid hefyd.

Dail gwyrdd

Mae amrywiaeth eang o ddail yn fwytadwy, o ferwr dŵr sy'n tyfu ar lannau afonydd a nentydd a chorn carw'r môr (*samphire*) ger y môr i garlleg gwyllt a dail poethion. Mae'n rhaid i chi fod yn hollol saff o'r hyn rydach chi'n ei gasglu felly gwnewch eich gwaith ymchwil cyn cychwyn allan, a golchwch y cwbwl yn drylwyr cyn ei fwyta.

Blodau Ysgaw

Rhain ydi'r blodau fflat, gwyn sy'n frith ar y coed ym Mehefin. Gallwch wneud diod pefriog, cordial neu win efo nhw – ond peidiwch â'u golchi mewn dŵr cyn eu defnyddio gan y bydd hynny'n golchi'r paill sy'n angenrheidiol ar gyfer ambell rysáit oddi arnyn nhw. Gallwch wneud gwin gyda'r aeron ysgaw duon hefyd yn yr hydref.

Llus (Bilberries)

Mae'r ffrwythau bach gleision yma, sy'n debyg i'r aeron gleision sydd ar werth mewn siopau ond yn llai ac ychydig yn fwy sur, yn tyfu ar ucheldiroedd Cymru. Er ei bod yn waith caled iawn eu casglu am eu bod mor fân, mae'n werth mynd i'r drafferth oherwydd does dim yn well na tharten lus gynnes. Gallwch brynu cribiniau pwrpasol ar gyfer y gwaith o'u casglu, ond mae hi'n fwy o hwyl dod adra efo bysedd a chegau piws! Maen nhw'n aeddfed o gwmpas amser y Steddfod Genedlaethol.

Mwyar Duon

Mae pawb yn gyfarwydd â'r rhain yn tyfu'n wyllt ar ein cloddiau. Casglwch hynny allwch chi ddiwedd yr haf a'u rhewi at fisoedd llwm y gaeaf. Yn ogystal â thartenni a chrymbls blasus, mae modd i chi fod ychydig yn fwy mentrus hefo nhw – rhowch gwpaned neu ddwy mewn potel o fodca hanner llawn efo siwgwr a choden fanila a mwydo'r cwbwl am ychydig wythnosau, ac mae'n gwneud diod fydd yn eich cynhesu adeg y Dolig!

Cnau

Yr hydref ydi'r cyfnod gorau i hel cnau. Mae cnau cyll yn tyfu'n wyllt ac yn hawdd i'w hadnabod, ond cofiwch fod angen gadael iddyn nhw sychu mewn lle oer, sych, am tua chwe wythnos cyn eu bwyta. Wedi iddyn nhw sychu mi gewch hwyl yn trio'u cracio nhw – ella bydd angen morthwyl arnoch chi!

Eirin Tagu

Mae'r aeron piws tywyll yma'n hawdd i'w hadnabod a'u casglu – ond da chi, peidiwch â thrio'u bwyta nhw. Fel mae'r enw'n awgrymu, tagu fyddwch chi! Yn hytrach, gwnewch jin eirin tagu at y Dolig. Mae gan pawb ei ffordd wahanol o wneud y jin (gweler Medi am fy rysáit i), ond bydd yn rhaid i chi bigo pob un ohonyn nhw efo pin neu gyllell er mwyn rhyddhau'r sudd (peidiwch â thorri gormod arnyn nhw neu mi fydd y cnawd yn gwneud y jin yn gymylog). Mae'r eirin yn well ar ôl cael rhew, felly os ydyn nhw'n barod i'w casglu cyn y rhew cyntaf, rhowch nhw yn y rhewgell am ychydig oriau ar ôl cyrraedd adra.

Afalau Surion Bach

Mae gan yr afalau bach yma eto enw addas! Maen nhw'n fychan ac yn galed, ac yn gwneud jeli sur arbennig i'w weini efo cigoedd.

Madarch

Flynyddoedd yn ôl roedd madarch gwyllt ym mhobman, ond does dim cymaint i'w gweld erbyn hyn. Tua dechrau Medi ydi'r adeg gorau, a chyn cychwyn allan, gwnewch eich gwaith cartref yn drylwyr gan fod rhai madarch yn wenwynig iawn. Gofal pia hi, ac os nad ydach chi'n siŵr ydi rwbath yn fwytadwy, gadewch lonydd iddo fo lle mae o.

Cregyn gleision, crancod, cocos a gwichiaid

Gallwch gasglu llond pwced o bysgod cregyn mewn dim – ond cofiwch nad ydyn nhw wedi eu puro fel y rhai yr ydach chi'n eu prynu mewn siopau, felly mae'n rhaid eu glanhau a'u coginio'n drylwyr. Misoedd y gaeaf ydi tymor y cregyn gleision (misoedd efo 'r' yn yr enwau Saesneg).

Am fwy o fanylion am hel o'r gwyllt, mathau eraill o gynnyrch y gallwch chi ei gasglu (a be i adael llonydd iddo) tarwch olwg ar y llyfrau a'r gwefannau isod:

Foraging: the Essential Guide to Free Wild Food gan John Lewis-Stempel

Food for Free (llyfr Collins Gem)

Wild Food: A Complete Guide for Foragers gan Roger Phillips

ww.goselfsufficient.co.uk

www.fergustheforager.co.uk

Ffrwythau
coed a llwyni

Ionawr

Dechreuwch docio eich coed afalau a'ch coed gellyg os nad ydach chi wedi gwneud hynny'n barod – mae'n well gwneud hyn pan nad ydyn nhw'n tyfu (*dormant*).

Gadewch goed eirin, ceirios a bricyll heb eu tocio tan yr haf er mwyn lleihau'r siawns o ddatblygu heintiau fel y ddeilen arian (*silver leaf*).

Tociwch gyrens duon, eirin Mair a chyrens coch i gynnal fframwaith cynhyrchiol y coed.

Gallwch orfodi (*force*) planhigion riwbob i dyfu'n gynt drwy roi bwced neu hen fin dros y gwreiddyn, neu'r goron. Bydd hyn yn annog coesau tyner, tenau, pinc i dyfu, a byddant yn barod i'w cynaeafu mewn tua 8 wythnos.

Plannwch gansenni mafon mewn safleoedd heulog â phridd sy'n draenio'n rhydd.

Gwnewch yn siŵr fod unrhyw bolion sy'n cynnal eich coed ffrwythau yn gryf ac yn dynn yn y pridd.

Gallwch blannu gwraidd noeth (*bare rooted stock*) unrhyw goed ffrwythau y mis yma.

Chwefror

Torrwch gansenni mafon sydd yn ffrwytho yn yr hydref i'r ddaear i annog cansenni newydd i dyfu. Torrwch dopiau'r cansenni sydd wedi tyfu yn uwch na'u polion cynhaliol ychydig uwchben y blagur.

Rŵan ydi'r amser gorau i blannu cansenni mafon ar gyfer yr haf.

Daliwch i docio coed afalau a choed gellyg tra bydd y coed yn dal i gysgu.

Tociwch eich cyrens duon, eirin Mair a chyrens coch. Gallwch ddal i blannu llwyni cyrens hefyd rhwng rŵan a'r gwanwyn.

Gallwch blannu coed ffrwythau carreg.

Taenwch gompost neu ddail sydd wedi pydru'n dda o gwmpas eich coed ffrwythau – ond gofalwch beidio â'i daenu'n rhy agos at y boncyff.

Mawrth

Plannwch goed afalau, ceirios, gellyg a ffrwythau eraill mewn llecynnau cysgodol, heulog, a thaenu dail wedi pydru'n dda o'u hamgylch.

Mae amser o hyd i blannu cansenni mafon, neu docio'r tyfiant a fu'n ffrwytho yn yr hydref i'r ddaear er mwyn annog tyfiant newydd.

Cofiwch fwydo'ch planhigion llus efo gwrtaith arbennig ar gyfer planhigion grugaidd (*ericaceous*).

Taenwch haen drwchus o ddail wedi pydru'n dda o gwmpas eich riwbob i'w gadw'n iach ac i gadw'r lleithder yn y pridd. Gofalwch beidio â gorchuddio'r goron. Gallwch hefyd blannu riwbob newydd rŵan.

Ebrill

Mae'n amser plannu gwelyau mefus, gan wneud yn siŵr eich bod yn paratoi'r pridd gynta efo digon o ddail wedi pydru a chompost da. Rhowch gloch wydr (*cloche*) dros eich planhigion mefus os ydach chi isio cnydau cynharach.

Gwnewch yn siŵr fod y blodau ar eich coed ffrwythau yn saff rhag unrhyw rew hwyr drwy eu gorchuddio efo gorchudd cynnes (*garden fleece*) ar nosweithiau oer.

Daliwch i daenu dail neu gompost o gwmpas eich coed ffrwythau.

Os oes ganddoch chi ffrwythau'n tyfu mewn potiau mae'n werth rhoi haen o gompost newydd ar ben yr hen bridd ac ychwanegu gwrtaith sy'n gweithio'n araf (*slow release fertilizer*) hefyd.

Rhowch yr un gwrtaith o amgylch bonion eich cansenni mafon, eich llwyni ffrwythau a'ch coed ffrwythau hefyd i annog cnydau da yn hwyrach yn y flwyddyn.

Rhowch gynnig ar beillio'ch eirin gwlanog a'ch nectarinau gyda brwsh paent meddal (*self pollinate*) er mwyn annog cnydau gwell.

Mai

Dyfriwch goed ffrwythau ifanc yn dda i'w hannog i wreiddio'n ddwfn ac yn gyflym.

Tynnwch y blodau a'r ffrwythau oddi ar goed ffrwythau yr ydach chi newydd eu plannu i'w galluogi i sefydlu eu hunain yn well yn ystod y flwyddyn gynta ir.

Rhowch wellt o gwmpas eich mefus i amddiffyn y ffrwythau. Efallai bydd yn rhaid rhoi rhwyd drostyn nhw rhag adar barus!

Codwch gawell o rwydi o gwmpas eich planhigion ffrwythau meddal er mwyn atal yr adar sy'n siŵr o drio bwyta eich cnwd.

Mehefin

Dechreuwch docio eich coed eirin a cheirios.

Er bydd coed ffrwythau yn gollwng rhywfaint o'u ffrwythau yn naturiol (y *June Drop* maen nhw'n galw hyn), ella bydd angen i chi dynnu mwy o ffrwythau oddi ar ganghennau sydd yn orlawn er mwyn sicrhau ffrwythau mwy a gwell.

Os oes ganddoch chi blanhigion ffrwythau mewn potiau, gwnewch yn siŵr eich bod yn rhoi bwyd hylifol sy'n uchel mewn potash iddynt i gadw'r planhigion yn iach ac yn weithgar.

Rhowch beg ar y tyfiant bach sy'n dod o'ch planhigion mefus (yr ymledyddion) i greu mwy o blanhigion ar gyfer y flwyddyn nesa. Os nad oes angen mwy o blanhigion arnoch chi, yna tynnwch yr ymledyddion yma oddi ar y planhigion.

Gorffennaf

Teneuwch y ffrwythau ar eich coed eto er mwyn annog cynnyrch o faint da. Mae hyn hefyd yn helpu i atal pydredd (*brown rot*).

Bwydwch bopeth mewn potiau!

Archwiliwch eich coed rhag bod clafr yr afal (afiechyd sy'n achosi crach ar y croen) arnyn nhw, a'u trin, os oes rhaid, gyda chynnyrch ffyngladdol. Dylech ddarllen y label ar y botel bob tro i sicrhau ei fod yn addas i'w ddefnyddio ar gnydau bwytadwy.

Cadwch eich llygad ar ddail llwyni gwsberis am gynrhon llifbryfed (*sawfly larva*), a all fwyta'r dail i gyd mewn dyddiau yn unig. Golchwch nhw i ffwrdd efo pibell ddŵr neu eu codi oddi ar y dail â llaw.

Gallwch barhau i roi peg ar ymledwyr eich planhigion mefus i greu mwy o blanhigion ar gyfer y flwyddyn nesa.

Tociwch eich coed eirin, bricyll, eirin gwlanog a cheirios. Mae tocio'r rhain yn yr haf yn lleihau'r tebygrwydd y bydd y coed yn cael clefyd y ddeilen arian.

Os ydach chi wedi annog eich coed afalau neu'ch coed gellyg i dyfu i siâp arbennig yna tociwch nhw rŵan i gynnal eu cyflwr.

Tociwch y coesau sydd wedi ffrwytho ar eich llwyni cyrens duon ar ôl cynaeafu.

Dydi mafon ddim yn gwreiddio'n ddwfn iawn felly byddant yn gwerthfawrogi cael eu dyfrio'n dda mewn tywydd poeth, sych.

· · · · · · · · · · · · · · · · ·

Awst

Unwaith eto y mis yma, mae angen bwydo planhigion ffrwythau mewn potiau.

Plannwch unrhyw ymledwyr mefus sydd wedi gwreiddio er mwyn cael cnwd da y flwyddyn nesaf.

Cynaeafwch eich coed ffrwythau – dylai'ch ceirios, eirin, eirin gwlanog, nectarinau a'ch bricyll fod yn aeddfed erbyn hyn! Bydd mathau cynnar o afalau yn barod tua diwedd y mis.

Tacluswch blanhigion mefus a chael gwared ar unrhyw hen wellt o gwmpas

y planhigion i alluogi aer i gylchdroi a lleihau'r risg o blâu a chlefydau.

Tociwch y coesau sydd wedi ffrwytho ar eich llwyni cyrens duon ar ôl cynaeafu.

Torrwch y ffyn sydd wedi ffrwytho ar eich mafon haf yn ôl, gan adael y tyfiant gwyrdd newydd ar gyfer cnwd y flwyddyn nesa. Clymwch gansenni mafon y flwyddyn nesa i wifrau neu ffensys.

· · · · · · · · · · · · · · · · · ·

Medi

Archebwch eich mefus, mafon, mwyar duon neu lwyni cyrens ar gyfer cnydau'r flwyddyn nesa. Yr amser gorau i blannu'r rhain ydi yn ystod y tymor cysgu.

Potiwch yr ymledwyr mefus olaf i greu planhigion ychwanegol.

Tacluswch eich planhigion mefus a dal i glirio unrhyw wellt sydd o'u cwmpas, gan y bydd hwn yn fagwrfa dda i blâu a chlefydau dros y gaeaf.

Chwiliwch am ffrwythau sy'n pydru ar eich coed gellyg, afal ac eirin. Tynnwch nhw oddi ar y brigyn gan y byddan nhw'n cario clefydau os byddan nhw'n cael eu gadael ar y goeden.

Casglwch fwyar duon fel y byddan nhw'n aeddfedu a'u defnyddio'n syth – neu gallwch rewi rhai ar gyfer eu defnyddio yn hwyrach yn y flwyddyn.

Er mwyn gweld ydi afal yn aeddfed ar y gangen, codwch y ffrwyth yn ysgafn yn eich llaw a rhoi plwc bach iddo – os ydi o'n dod i ffwrdd yn hawdd, mae o'n barod!

Torrwch y glaswellt o gwmpas eich coed ffrwythau er mwyn ei gwneud yn haws i weld y rhai sydd wedi disgyn.

Mae Medi yn amser da i gymryd toriadau o blanhigion pren caled fel cyrens ac eirin Mair er mwyn cynyddu eich stoc o goed.

. . . .

Hydref

Os nad ydach chi wedi gwneud hynny'n barod, tociwch y ffyn sydd wedi ffrwytho ar eich mafon, gan adael y tyfiant gwyrdd newydd ar gyfer cnwd y flwyddyn nesa. Clymwch gansenni mafon y flwyddyn nesa i wifrau neu ffensys.

Rŵan ydi'r amser perffaith i archebu planhigion mefus a'u plannu ar gyfer cnydau'r flwyddyn nesa.

Wedi i chi orffen clirio'r gwellt oedd o gwmpas gwaelod eich planhigion mefus, torrwch yr hen ddail yn ôl er mwyn annog tyfiant newydd ffres.

Rhannwch blanhigion riwbob drwy eu codi a'u hollti i sawl darn gyda rhaw. Ail-blannwch y darnau iachaf yr olwg.

Wrth blannu planhigion llus neu aeron gleision (*blueberries*) gwnewch yn siŵr fod ganddoch chi bridd asidig – neu tyfwch nhw mewn potiau o gompost ar gyfer planhigion grugaidd.

Mae'r hydref yn amser delfrydol i blannu coed ffrwythau â gwraidd noeth. Fel arall, archebwch goed ffrwythau ar-lein rŵan yn barod ar gyfer eu plannu yn y gwanwyn.

Chwiliwch am ffrwythau afiach – ar y canghennau ac ar lawr – gan y byddant yn cario unrhyw heintiau i dyfiant y flwyddyn nesa.

Tynnwch y rhwydi oddi ar eich ffrwythau meddal er mwyn gadael i'r adar ddal a bwyta unrhyw blâu neu drychfilod sy'n cuddio ar y coed.

Tachwedd

Tachwedd ydi'r amser delfrydol i blannu llwyni cyrens tra byddant yn segur.

Plannwch gansenni mafon rŵan ar gyfer cnwd cartref blasus.

Os na wnaethoch chi hyn fis Hydref, tynnwch y rhwydi oddi ar eich coed ffrwythau meddal – gall eira trwm y gaeaf eu torri.

Cadwch eich planhigion mefus yn daclus – torrwch unrhyw ddail sydd wedi marw, a chael gwared â'r ymledwyr sydd ar ôl.

Tociwch goed afal a gellyg unrhyw bryd rhwng rŵan a mis Chwefror – ond peidiwch â thocio'ch coed eirin rŵan rhag iddynt ddal clefyd y ddeilen arian. Arhoswch tan ganol yr haf.

. . . .

Rhagfyr

Dyma'r amser perffaith i docio coed ffrwythau i gynnal y strwythur agored fydd yn annog ffrwythau o ansawdd da.

Tydi hi ddim yn rhy hwyr i blannu cansenni mafon!

Os yw eich planhigion mefus dros dair oed, archebwch rai newydd yn eu lle. Gall hen blanhigion fagu clefydau, ac maen nhw'n tueddu i golli egni a chynhyrchu llai.

Plannwch lus neu aeron gleision y gaeaf yma mewn llecyn â phridd asidig er mwyn cael gwledd y flwyddyn nesa! Gyda'u blodau gwyn prydferth, eu haeron blasus a'u dail tanllyd eu lliw yn yr hydref, mae'r planhigion yma'n ddifyr drwy'r flwyddyn.

Mynegai

afalau 32-3, 132, 135, 144
  afalau pob 135
aloe vera 106
arbed arian 24-5
arbed ynni 25
betys 14, 124
bin compost 30
bisgedi Nadolig 141
blodau ysgaw 86-7, 143
blodfresych 14, 28, 70, 95
bresych 14, 28, 76, 124
brocoli 14, 70, 95
bylbiau 61-3, 123
cacenni cri 50
caledu planhigion 41
camomeil 106
catalogau hadau 138
ceirios 133
cêl 14, 28, 95
ciwcymbyrs 28, 93, 100
cnau 144
coed 31-3
  coed ffrwythau 145-8
coginio 24
côlslo 85
corbwmpen 88-9, 93,100
  cacen corbwmpen 89
cordial mysgatél 86-7
cranc 64-5
crempog 35
cwt ieir 18
cylchdroi cnydau 14
cynaeafu 110
Cynan Jones 112-5
cynilo dŵr 110
cynllunio 13
cyraints 133, 95
cywion 43-5
chwynladdwr 13
chwynnu 68
dail poethion 106, 73
deilbridd 122, 138
deor 44-5
dewis llysiau 12
dillad 24-5
dresin salad 84

eira 138
eirin tagu 144
  jin eirin tagu 117
ffa ffrengig 94, 100
ffa 14, 70, 94, 110
ffesant 134-5
garlleg 28, 38, 93, 106, 110, 124
gellyg 132
glanhau 28, 52-3, 122
gnocci 96
gwaith tŷ 24-5, 52-3
gwastraff 30
gwelyau wedi'u codi 12
gwin gaeafol 141
gwlithod 79
gwrtaith 16
gwrtaith gwyrdd 100
gwrtaith hylifol 78
gwrthsefyll pla 14, 78-80, 138
gwsberis / eirin Mair 95-6, 133
gwynt 13
hau hadau 28-9, 38-9, 48, 68-70, 82-3,110
  hau'n olynol 29
hwyaid 21
Ian Sturrock 32-3
ieir a dofednod 16-21, 101-3
jam mafon 107
jeli criafolen 118
lafant 85-6, 106
letis 28, 80-3
llus 143
llysiau gwraidd 38, 68-9, 122
llysiau rhost 23
llysiau'r cwlwm 60
madarch 112-5, 132, 144
meionês 84
mêl 85
merllys 72, 94
mintys 106, 126
moron 14, 92, 124
mwyar duon ,95, 143
nionod 14, 28, 39, 93, 110, 124
oen 126
palu dwbwl 12
pannas 14, 23, 125

paratoi'r patsh 12
perlysiau 23, 47-9, 93, 106, 110
picl gwsberis 96
planbren (dibber) 70
porc 117
pridd 12, 87
pwdin bara menyn 35
pwdin Dolig 140
pwmpen 93, 117
pys 14, 110
pysgod cregyn 144
quiche 22
riwbob 93, 95, 116, 132
rwdins 14
salad tatws 85
saws bara 140
sbigoglys 100
sbrowts 14, 23, 124
seleri 14
sgwash cneuen fenyn 118
sioe Môn 101-5
siopa 24
spanakopita 107
sterileiddio jariau 96
stiw cwningen 129
stoc 23
storio llysiau 95, 124
tacluso 122
tail 132
tatws dauphinoise 128
tatws 14, 40, 56-7, 76, 93, 95, 110, 123
Ted Hughes 104-5
teisen simnel 50
tocio 132-3, 145-8
tomatos 58-60, 93, 95, 97
toriadau 111
troi'r tir 28
trychfilod 80
tŵls 15, 132
twnnel plastig 13, 76-7, 122
tyddyn meicro 34
vichyssoise 51
wal 42
wyau 21, 22, 43

Mis Ionawr

Mis Chwefror

Nodiadau

Mis Mawrth

Mis Ebrill

Mis Mai

Mis Mehefin

Mis Gorffennaf   *Mis Awst*

Mis Medi

Mis Hydref

Mis Tachwedd

Mis Rhagfyr